LE FLAMBEAU

DE

L'HISTOIRE

LE FLAMBEAU DE L'HISTOIRE

DANS LA COUR DES DIEUX ET LA COUR DES TITANS

PAR

ALEXANDRE GARIEL

BRIGNOLES
Imprimerie de M.-V. GASSIER
Place Saint-Pierre.

1876

LE FLAMBEAU

DE

L'HISTOIRE

LA COUR DES DIEUX ET LA COUR DES TITANS

PREMIÈRE CONFÉRENCE

Création et Usurpation

MINERVE

Les Titans sont robustes ; on peut leur mettre une montagne d'injures et de calomnies sur les épaules, sans les faire broncher.

Mais puisque ton langage est encore au 19e siècle de l'ère chrétienne, ce qu'il était avant le déluge, laisse-moi te dire, grand Jupiter, que c'est toi-même qui as été le père de l'orgueil, de l'ambition et de la rebellion, en dépouillant ton père Saturne de son trône patriarcal, pour en faire la forteresse du despotisme, du privilége et de l'injustice.

Tes descendants ont imité ton exemple de piété filiale. On les trouve toujours en état d'usurpation entre princes et entre dynasties ; on les trouve toujours en état de révolte contre les Titans, qui sont les aînés de la race humaine, et sur lesquels papa Saturne n'avait pu s'arroger qu'une supériorité honorifique, sans pouvoir exécutif.

APOLLON

Les paroles de Minerve sont rudes mais justes. C'est un chapitre à fouiller de fond en comble, pour dissiper les ombres et les fantômes qui troublent la vie humaine, en faisant voir la morale tout de travers. L'historique abrégé de la discorde entre les Titans et les Saturnius, depuis la création, serait l'enseignement des peuples, et le châtiment des patriciens.

JUPITER

C'est le destin qui l'a voulu ; c'est le destin qui m'a conduit sur le trône de l'Olympe ; c'est le destin qui règle le monde par des lois immuables.

On l'appelle aujourd'hui : *Droit divin.*

APOLLON

Le destin est un Dieu aveugle, qui a régné sur les aveugles. Mais la lumière est venue, plus puissante que le destin, pour dissiper les ténèbres, pour régner sur la terre et dans les cieux.

MINERVE

L'histoire de la création, et l'histoire du destin, sont écrites dans la mythologie grecque, puisée dans la Bible des autres peuples : dans les livres sacrés des Indiens et des Perses, des Babyloniens et des Egyptiens. Populations très-anciennes, dont les commencements se perdent dans la nuit des temps, sans qu'on puisse attribuer à l'une ou à l'autre de ces nations, l'honneur de la première antiquité.

Vers le même temps que les Grecs faisaient leur histoire génésiaque, les Hébreux faisaient aussi leur genèse puisée aux mêmes sources et chez les mêmes peuples, qui tous ensemble n'ont fait que des hypothèses ou des affirmations sans certitude, sur l'origine de la création.

Toutes ces genèses se ressemblent à peu-près; et tous les livres sacrés attribuent le grand-œuvre de l'enfantement universel, à un Dieu créateur, que les Indiens appellent Brahma, le père de la Sainte-Trinité asiatique; les Perses l'appellent Ormuzd; les Babyloniens, Baal ou Bélus; les Egyptiens, Osiris et Sérapis; et les Juifs, Jéhovah. Les Grecs lui ont donné le nom de Jupiter, et les Musulmans, le nom d'Allah. — Mais c'est toujours la même divinité sous des noms divers; c'est toujours le Grand-Esprit, la puissance éternelle et mystérieuse de l'univers.

On connait la Bible des Juifs, attribuée à Moïse : voici celle des Grecs en deux lignes.

***

Au commencement, il n'y avait que le ciel et la terre, dont la formation reste inconnue à l'intelligence humaine.

De jour en jour, ou de siècle en siècle, la terre fécondée par le ciel, produisit toutes les plantes et tous les animaux qui vivent sur la terre et dans les eaux.

Vers la fin de la création, le premier homme fut engendré, nommé Titan, fils du ciel et de la terre, en même temps qu'une femme nommée Vesta, qui fut la compagne de Titan.

Et le ciel, souriant à ses dernières créatures,

leur dit : Croissez et multipliez. Vous avez l'esprit du ciel, et vous aurez les produits de la terre. Vous serez bénis dans les fruits de votre travail, et dans les fruits de votre sagesse. Croissez et multipliez.

Et les Titans s'accrurent en nombre, heureux et tranquilles, sans rois et sans maîtres, dans les champs vierges de la Grèce ; gardant et multipliant les troupeaux, cultivant les vallons et les plaines, plantant les vergers, forgeant le fer, le plomb, le cuivre et l'airain, pendant que les rieuses jeunes filles cueillaient les fruits et les fleurs des jardins. — C'était le bon temps du paradis terrestre, l'âge d'or du genre humain.

***

Dans la suite, le ciel et la terre créèrent un second fils nommé Saturne, et une autre fille nommée Cybèle, compagne de Saturne ; qui, tous deux furent recueillis et comblés de soins maternels par les Titans généreux.

Parvenus à l'âge nubile, les nouveaux venus songèrent alors, à se retirer sur l'Olympe, montagne de la Thésalie, célèbre depuis par ses ombrages divins et ses grottes mystérieuses, par ses muses et ses fontaines poétiques.

Du haut de leur colline, dont les cimes souvent couvertes de nuages semblaient être unies avec les cieux, Saturne et Cybèle contemplant avec froideur les demeures inférieures des Titans, se crurent les maîtres de la terre, s'imaginant pouvoir vivre toujours des produits de leur chasse, de fruits sauvages, et de légumes cueillis dans les jardins des Titans qui les laissaient faire sans reproche.

Saturne et sa compagne profitèrent ainsi du sort qui les avait fait naître lorsque les terres étaient déjà cultivées, sans se donner la peine d'aucun travail; ce qui leur donnait un air de majesté sur les Titans laborieux.

Dans la suite, Cybèle enfanta deux jumeaux, Jupiter et Junon qui furent fiancés à leur naissance, et qui grandirent pétris d'orgueil sous le souffle de leurs parents. Elle enfanta aussi d'autres fils et d'autres filles qui sont célèbres dans l'histoire de Jupiter olympien.

Mais Jupiter, étant devenu grand et robuste, fut un fils ingrat et rebelle, en chassant de l'Olympe son père qui s'enfuit en Italie, pendant que Jupiter se faisait proclamer le seul maître de la Grèce et du monde, maître aussi des nuages qui traversaient les sommets de l'Olympe, déchirés par les éclairs du tonnerre, les jours d'orage.

Néanmoins en gardant pour lui le pouvoir suprême, Jupiter confia le gouvernement des mers à son frère Neptune, et le gouvernement des volcans et des enfers à son frère Pluton. Cérès fut la déesse des moissons.

C'est ainsi que le dit la Bible grecque, et que l'ont raconté les poètes dans leurs strophes sacrées.

***

Jupiter et Junon, paisibles possesseurs de l'Olympe, eurent un grand nombre d'enfants et de filles, qui furent sur terre la race des patriciens, infatués de leur origine par l'éducation altière que leur soufflait Jupiter, leur disant : qu'ils avaient le droit de régner sur les Titans par le privilége de leur naissance.

Tous les fruits de la terre vous appartiennent, leur disait Junon ; les Titans sont obligés de faire produire les coteaux, les jardins et les plaines pour vous, depuis Saturne votre aïeul qui vécut toujours du travail de ces étrangers.

Et Mercure, le dieu des voleurs et de l'éloquence, qui enseignait les patriciens, leur disait : Jupiter a dépouillé son père de sa résidence royale ; vous pouvez bien, vous autres, dépouiller vos cousins les Titans des produit de leur travail.

C'est pourquoi les patriciens qui s'étaient déjà fort multipliés, s'enhardirent de plus en plus à fourrager sur les terres de la Grèce et au dehors, dépouillant les campagnes, et prenant les troupeaux les plus gras dans les prairies entre les mains des bergers, en disant qu'ils étaient les envoyés de Jupiter, pour être les héros et les rois de la terre, pour faire la justice et le bonheur des peuples Titans.

***

Les Titans fatigués enfin de ces déprédations ruineuses, s'en plaignirent amicalement à Jupiter, en lui remontrant que si on l'avait nourri lui, son père et toute sa famille jusqu'à présent, c'était par pure libéralité. Mais que le travail des Titans ne pouvait plus suffire à tant de gens qui consommait sans rien produire. Notre grand-père Titan avait promis à son frère Saturne de l'entretenir, et même de le laisser courir en maître sur nos territoires, tant qu'il serait seul avec madame son épouse, tant qu'il n'aurait pas d'enfants mâles ; mais maintenant que la race de Saturne s'est multipliée comme une nation de lapins dévorants, nous sommes déliés de la parole de notre premier père ; et à la rigueur, nous aurions pu mettre un terme à notre bienfaisance depuis la naissance de Jupiter. Mais aujourd'hui, sans que la charité mutuelle, puisse en être altérée, nous espérons voir finir les déprédations dont nous sommes victimes tous les jours.

***

Enfin, après bien d'autres remontrances tout aussi infructueuses, aux quelles on répondit avec artifice ou avec arrogance, les Titans exaspérés déclarèrent la guerre au maître de l'Olympe, et à sa progéniture funeste.

La lutte fut longue et opiniâtre, attendu qu'en ce temps on ne réunissait les bataillons ni en chemin de fer ni par le télégraphe électrique. Jupiter et sa cour, retranchés dans l'Olympe entouré de fossés, de palissades et de gros buissons, s'y croyaient inexpugnables, et bravaient les efforts des assiégeants qui désespéraient déjà d'enfoncer les remparts épineux de la forteresse patricienne.

Mais un jour vint, où les Olympiens se crurent perdus, lorsqu'ils virent les ennemis entasser montagnes sur montagnes pour escalader la demeure royale, qui fut envahie par des légions de Titans intrépides. Les patriciens s'enfuient de toutes parts, et disparaissent en laissant le père des dieux se défendre comme il pourrait contre les envahisseurs.

C'est en ce moment que Jupiter foudroya les Titans avec le secours des Cyclopes qui avaient déjà inventé la poudre, la mine et les pétards, dans les forges de Vulcain. Une formidable explosion se produisit sur les flancs de la montagne, par l'éclat simultané des galeries souterraines qui firent un nuage de feu et de fumée autour de l'Olympe. Des centaines de Titans furent écrasés ou emportés en lambeaux par ces miliers de pétards qui effrondèrent le terrain sous leurs pieds. Les survivants, terrifiés jusqu'au fond de l'âme, se retirèrent en désordre en jetant partout l'épouvante dans les cohortes Titannesques, qui crurent que c'était la foudre du tonnerre qui venait de broyer les plus forts et les plus vaillants guerriers de l'armée.

Les Titans étaient vaincus et domptés, moins par le nombre des morts et la dispersion de leurs phalanges, que par la terreur mystérieuse qui glaça tous les esprits.

APOLLON

Pour faire la foudre de ses pétards, Jupiter s'était servi d'une matière explosible, espèce de poudre fulminante, dont le secret s'est perdu.

Cependant, Moïse avait encore à son service, une matière inflammable et fulminante, dont il fit lui aussi, des pétards multipliés, pour imiter le roulement du tonnerre, sur le mont Sinaï, afin d'épouvanter les Juifs, et leur faire croire à sa mission divine pour les soumettre à sa domination. Les Juifs crurent à Moïse, comme les Titans à Jupiter.

Moïse connaissait aussi le phosphore qu'il rangeait avec art autour de sa figure illuminée par cette pâle lumière, en descendant de la montagne, et s'arrêtant derrière les buissons, en disant que c'était la présence de Dieu d'Abraham et de Jacob, qui faisait briller son front entouré d'allumettes phosphoriques.

C'était en Egypte, que Moïse avait appris cette fantasmagorie de feux d'artifice, à l'école des magiciens de Pharaon, qui étaient des physiciens et des chimistes distingués pour leur siècle.

Jupiter et Moïse sont les premiers pétardiers du monde oriental, au quel se sont trouvées liées les nations de l'Occident, qui ont tiré leurs premières connaissances, de la Grèce et de la Judée. L'un et l'autre réussirent à merveille ; et l'on crut qu'ils avaient un pouvoir surnaturel, dont ils pouvaient à leur gré se servir contre les humains.

Ainsi s'établit le droit divin de la politique, dans l'Orient et dans l'Occident.

*
* *

MINERVE

Depuis cette victoire sur les Titans, les peuples ont cru que Jupiter était le vrai dieu tout puissant, le dieu du tonnerre, trônant invisible, tantôt sur l'Olympe de la Grèce, tantôt dans l'Olympe des étoiles.

Dans cette croyance, les populations se laissèrent faire tout ce que voulurent les patriciens, au nom de la divinité.

On bâtit aussitôt, à Jupiter et à toutes les divinités de sa cour, des temples et des chapelles dont les patriciens se firent les ministres et les grands-prêtres, rendant des oracles, et annonçant les ordres du ciel aux peuples ignorants et terrifiés, qui s'accoutumèrent à offrir des présents dans tous les sanctuaires pour se rendre les dieux propices.

Les patriciens profitèrent de cette épouvante universelle, pour s'emparer de tous les biens de la terre, réduire les hommes en esclavage, et les faire travailler à leur profit, en les menaçant de la foudre des nuages que les dieux mettaient à leur disposition contre les récalcitrants.

Les peuples Titanesques furent alors soumis à de rudes épreuves, dépouillés, broyés, persécutés, torturés de toutes les façons, par des maîtres impitoyables.

Pour régner avec plus de sûreté, les patriciens travaillèrent et réussirent à mettre la discorde parmi les peuples, par des guerres continues de tribu à tribu, de nation à nation, sous prétexte de frontières et de territoires à partager.

Dès lors, l'empire des patriciens fut assuré par cette triple chaîne enroulée sur la poitrine des peuples : *la folle terreur du ciel, les violences du despotisme, et la haine entre nations voisines*, qui ne peuvent plus s'entendre et se concerter.

La guerre a toujours été le plus bel instrument d'un monarque pour consolider sa tyrannie sur ses propres sujets. C'est le premier châtiment d'un peuple qui va porter le fléau des armes sur un territoire étranger.

THÉMIS

Les calamités qui ont affligé la race humaine, ont duré de longs siècles inconnus, avant d'arriver aux temps demi-fabuleux qui ont précédé l'âge historique. Mais ces derniers siècles, qui sont pour nous la première antiquité, sont encore des âges bien modernes devant les millions de lustres antérieurs, attestés par l'étude de la géologie et des ruines enterrées.

Même en ne fixant nos regards, que sur les âges qui sont de l'histoire authentique, n'y trouve-t-on pas les tribulations éternelles de l'humanité ? Et si on y rencontre par hasard, quelques rois, quelques princes héroïques, inspirés de l'esprit de sagesse et de justice, leurs bienfaits réparateurs n'ont pu être malheureusement que des gouttes de rosée sur une terre désolée par le vent du désert.

Oui, de belles âmes sont sorties, à de longs intervales, du sein même de la hiérarchie patricienne, pour consoler les peuples au milieu de leurs tourments immuables. La Grèce a donné cet exemple à la terre, en produisant des princes illustres, bienfaiteurs et consolateurs des affligés. Et si la puissance leur était refusée, de transformer le monde, et de rendre les peuples à l'heureuse condition de leurs premiers pères, du moins leurs œuvres furent des jallons d'espérance pour l'avenir des opprimés.

Parmi les héros dignes de mémoire, Hercule fils d'un roi de Thèbes, et Thésée fils d'un roi d'Athènes, tiennent le premier rang, dans l'époque du régime féodal en Grèce. Les exploits héroïques de ces deux princes, ne disent que trop dans quel état d'angoisses, de souffrances et d'horreurs, vécurent les populations de l'antiquité qui est parvenue jusqu'à nous. Mais bien plus affreuses ont dû être les désolations des temps et des lieux que nous cache une profonde obscurité.

Nos héros eux-mêmes, n'ont pu atteindre que les grands crimes et les grands criminels; mais ces terribles épisodes de la Grèce héroïque, peuvent nous faire présumer quelle foule d'énormités, les patriciens dûrent faire peser sur les peuples sans protecteurs.

MINERVE

Veux-tu, père Jupiter, que je te raconte brièvement, les travaux d'Hercule et de Thésée, qui ne sont peut-être plus dans tes souvenirs ? — Tu y verras la belle vie et les belles œuvres de tes patriciens au treizième siècle avant l'ère chrétienne ; et en connaissant les mœurs de tes descendants les plus célèbres, tu pourras juger des mœurs de leurs contemporains.

JUPITER

Je veux bien, chère Minerve. Tu me rappèleras ces vieux temps que j'ai un peu oubliés. Mais auparavant... Voici, je crois, l'heure de prendre ma crême parfumée, mon biscuit et mon verre de champagne. Après cette infusion d'ambroisie, nous aurons bien plus de plaisir à écouter l'histoire d'Hercule et de Thésée.

DEUXIÈME CONFÉRENCE

Hercule et Thésée

14e et 13e siècles avant J.-C.

—

MINERVE

Hercule est le grand nom du temps de la Grèce héroïque, et sa mémoire populaire a traversé tous les âges, survivant à tous les cataclysmes du monde, sans perdre la vénération des premiers siècles. Jamais la reconnaissance publique ne fut plus intelligente et mieux méritée. Hercule a été le bras vengeur de la Providence : bienfaiteur des pauvres, défenseur des opprimés, l'effroi des méchants, toute sa puissance d'athlète invincible fut au service de l'humanité, comme tout son esprit était voué à la justice.

Combien de belles pages à buriner sur la vie et les œuvres d'Hercule ! Mais tout un livre de Plutarque, ne suffirait pas à contenir toutes ses belles actions ; et nous sommes bien forcé de nous restreindre aux victoires les plus éclatantes du héros vainqueur de Géryon et des Amazones.

Les Amazones étaient une tribu de femmes sauvages, qui élevaient leurs filles dans la profession des armes, et qui tuaient leurs enfants mâles, on n'en gardaient, pour peupler, que quelques uns qu'elles extropiaient en leur brisant un bras ou une jambe, afin de conserver le gouvernement à leur sexe. Hercule et Thésée attaquèrent cette nation féminine, et détruisirent l'empire de ces furies, qui habitaient les rives du Thermodon, en Thrace. Leur reine Hippolyte fut menée en captivité, et devint reine d'Athènes en épousant Thésée l'un de ses vainqueurs.

Géryon, roi de la Bétique en Espagne, espèce de gros géant, nourissait de chair humaine, ses meutes de chiens ; et tous les sujets de son royaume gouvernés comme un bétail, étaient destinés à servir de pâture à ses dogues, aussi féroces que leur maître. Hercule vint provoquer ce tyran dans son repaire, et d'un coup de massue, purgea la terre de ce monstre exécrable.

Dans la Thrace, était un roi nommé Diomède, qui avait apprivoisé des lions et des panthères qu'il attelait à son char comme des chevaux, et qu'il nourrissait en leur donnant des hommes à dévorer, surtout les voyageurs qui lui tombaient sous la main. Il se plaisait à voir ses carnassiers déchirer leur proie vivante, et s'en disputer les lambeaux. — Hercule vint se saisir du roi Diomède, et le fit dévorer lui-même aux bêtes féroces qui traînaient son carrosse toujours sanglant.

Un roi d'Egypte, le fameux tyran Busiris, immollait aux dieux tous les étrangers qui traversaient son territoire, en croyant peut-être faire un sacrifice agréable à Jupiter ou à d'autres divinités de son pays. Ce barbare tyran fut à son tour assommé par notre héros, qui délivra ainsi le peuple du Nil, et lui rendit un peu de repos, en même temps que la sécurité au commerce étranger.

A son retour d'Espagne, avec les troupeaux et les dépouilles de Géryon, Hercule traversa les Gaules, et vint camper en Italie, qu'il trouva infestée du géant Cacus qui désolait cette contrée de ses meurtres et de ses rapines. Hercule le poursuivit dans son antre, et purgea la péninsule de cet insigne malfaiteur, dont la mort valut à Hercule les bénédictions de tous les peuples qu'il rencontrait sur son passage, et qui venaient de loin rendre hommage à leur libérateur.

Un seigneur féodal, du nom d'Antée, robuste géant qui habitait les bords de la mer Adriatique, s'était promis de bâtir avec des crânes et des ossements humains, un temple à Neptune qu'il appelait son père. Dans cette pieuse intention, il massacrait tous les passants qui traversaient son domaine patricien. — Encore un horrible scélérat qui fut étouffé dans les bras d'Hercule, après une lutte acharnée.

***

Hercule délivra aussi la Grèce, de plusieurs bêtes féroces qui ravageaient les territoires : du lion de la forêt de Némée, qu'il poursuivit dans sa caverne, et qu'il étrangla de ses mains robustes; du sanglier d'Arcadie qu'il prit tout vivant pour l'offrir à son frère qui était roi de Thèbes; et d'un taureau sauvage redoutable aux habitants de l'île de Crète, qu'il conduisit par les cornes à l'abattoir.

Bien d'autres exploits sont attribués à Hercule, qui ne fut pas seulement un vaillant guerrier d'une force physique prodigieuse, mais qui fut encore un noble cœur et une grande âme, aimant à secourir les indigents, les victimes du sort, et les victimes de la tyrannie. Aussi bon pour les pauvres gens, que rude pour les méchants, il ne cessa toute sa vie, de parcourir la terre pour la délivrer des monstres, larrons et meurtriers, dont les populations avaient à gémir. Toutes les régions du globe étaient encore pleines de barbarie et de barbares.

La civilisation grecque commence à Hercule; elle commence à prendre son essor sous la protection du héros qui frappe et terrifie de sa massue historique, les malfaiteurs autoritaires et les malfaiteurs vulgaires, les Amazones et les Gorgones, les lions et les dragons, tous les forts et les puissants qui infestent la Grèce et les environs.

Aux coupables mortels, Hercule fait la guerre,
Dans le sein des tyrans, il porte le trépas,
Et pour en purger la terre,
La foudre est moins terrible que son bras.

(La Motte).

APOLLON

Thésée, prince Athénien, parent, ami et compagnon d'Hercule, marcha sur les traces du héros de Thèbes, et fut son émule de gloire, de bienfaisance et de popularité.

Résolu de périr par un noble trépas,
Jaloux du nom d'Hercule, et marchant sur ses pas;
J'entrepris de venger et d'affranchir la terre,
De monstres, de méchants, échappés au tonnerre.

RACINE — *Phèdre.*

La première expédition de Thésée fut dirigée contre Phalaris, tyran de la Sicile, qui avait fait construire un taureau d'airain, dans lequel il enfermait des hommes vivants qu'il faisait brûler à petit feu, pour jouir de leurs gémissements qui ressemblaient un peu aux beuglements d'une génisse en détresse devant une bête féroce. Thésée vint provoquer ce barbare et l'envoya dans le royaume de Pluton.

Un seigneur des environs d'Athènes, du nom de Procuste, faisait attacher sur son lit les gens qui avaient le malheur d'entrer dans sa résidence sur son invitation; leur faisait couper l'extrémité des jambes si elles dépassaient la longueur de sa couchette, et les leur faisait tirailler avec des machines de fer si elles étaient plus courtes, jusqu'à ce qu'elles atteignissent la mesure de cette couche infernale. Thésée fit égorger ce bandit patricien qui n'avait que trop vécu à la face du soleil.

Périphète, un grand seigneur des environs d'Epidaure, avait, lui aussi, acquis une grande renommée en se nourrissant de chair humaine dont il allait faire provision dans les campagnes, tuant de préférence les jeunes filles et les enfants, dont la chair était plus délicate pour son gosier toujours altéré de sang. Le monstre ne put échapper au glaive de Thésée qui le mit en pièces, et dispersa ses membres cloués à des poteaux dans les champs d'Epidaure, théâtre de ses crimes.

Notre prince Athénien purgea aussi la Grèce de plusieurs brigands célèbres, comme Scyron et Cercyon, aux quels il fit subir le même supplice dont ils avaient martyrisé tant de gens victimes de leur férocité

Comme Hercule, Thésée délivra sa patrie de plusieurs bêtes sauvages, entr'autres : du taureau de Marathon, et du sanglier de Calydon, qui avaient déjà fait de nombreuses victimes, et de grands ravages dans les campagnes.

⁂

Les deux héros, dignes émules, avaient, tous les deux, mérité l'apothéose. On leur érigea des temples et des autels; et ils furent mis après leur mort, au rang des dieux par les peuples reconnaissants.

Après ces deux princes, vengeurs et justiciers, les hommes semblèrent avoir perdu tout protecteur; et les peuples de la Grèce restèrent sous la barbarie des patriciens, qui devaient bientôt les sacrifier à leurs caprices dans la guerre de Troie.

Mais les souvenirs d'Hercule et de Thésée, nous montrent du moins les tourments des peuples, et le triste sort que leur faisaient les forts et les puissants de la terre, exaltés dans leur suprématie de droit divin.

MERCURE

Qui sait s'il n'y aurait pas un peu d'exagération dans tout ce qu'on met sur le compte des patriciens antiques, et qui semble incroyable ? j'aime à croire qu'il n'y a que de la mythologie, mélangée à quelques abus de pouvoir inséparables des vices de l'humanité.

MINERVE

Comment pourrait-on en douter, lorsque nous avons vu la même répétition dans les temps modernes, qu'on suppose moins barbares et qui ont fait pis que l'antiquité.

Sans entrer dans les horreurs du brigandage des castes aristocratiques sur les populations isolées du moyen-âge et du régime féodal, ne savons-nous pas que les papes et les rois de France ont accompli une demi-douzaine de Saint-Barthélemy, dans lesquelles ont péri des millions d'hommes massacrés, assassinés dans des tourments effroyables. Il n'est que trop vrai que les temps se suivent et se ressemblent dans l'œuvre du mal, partout où les hommes se sont emparés d'une puissance sans frein et sans lois.

JUPITER

Définitivement, Minerve, la déesse de la sagesse, et Apollon le dieu de toutes les sciences, passent sans retour du côté des Titans qui ne savent rien.

MINERVE

Nous avons toujours été du côté des opprimés, du côté des multitudes souffrantes et persécutées, qui ont déjà subi une éternité de misères et d'injustices, de la part des patriciens de la

Grèce, de la part des patriciens Romains, et de la part des patriciens modernes du moyen-âge féodal. Nous sommes avec eux, pour les relever de leur abjection, leur apprendre ce qu'ils ignorent, et les instruire, en même temps que les patriciens, de leurs droits et de leurs devoirs réciproques, afin de les concilier dans la justice.

Tous les hommes sont les enfants du ciel et de la terre ; parité de naissance qui aurait dû être le lien d'un dévouement mutuel et d'une alliance fraternelle. Mais puisqu'il est si difficile de les faire vivre en frères, ils doivent au moins vivre en bons cousins, puisqu'ils sont cousins par la filiation de Titan et de Saturne, qui étaient frères. Apollon, avec ses muses, sera le trait-d'union de cette nouvelle harmonie.

APOLLON

C'est la science qui rapproche les hommes du 19e siècle. Les sciences naturelles enseignent l'unité de création ; et les sciences morales enseignent l'unité dans la vie des nations.

Le Dieu des sciences, de la poésie et des beaux-arts, est avec tous les peuples qui cultivent les muses ; ayant lui-même passé un bon temps de sa vie parmi les peuples, pendant qu'il était banni de l'Olympe par la colère de Jupiter.

Puis-je oublier que j'ai été maçon en bâtissant les murailles de Troie ; oublier que j'ai été berger, en gardant les troupeaux d'Amète, roi de Thessalie ? J'ai vécu du travail et de la vie du peuple, dans la sainte hospitalité de ses demeures, et je suis resté dans le rayonnement de mes sympathies pour les peuples.

MINERVE

C'est le peuple qui produit par son travail, tous les fruits dont on fait le nectar et l'ambroisie pour la nourriture des dieux. Si tu l'oublies, si tu ne veux être que le dieu des patriciens, les peuples se feront une autre divinité plus propice que Jupiter et ses ministres.

Tu t'imagines toujours être au siècle où les Titans furent foudroyés par les pétards des Cyclopes ; mais Apollon a tué les Cyclopes à coups de flèches ; ce qui représente la force brutale succombant sous des rayons de science et de lumière.

Hercule, à son tour, est venu délivrer Prométhée, que tu avais enchaîné sur le mont Caucase, parce qu'il avait propagé le feu du ciel qui devait éclairer les hommes.

Depuis cette double délivrance, la lumière céleste s'est répandue dans les âmes. Les peuples se sont baignés dans les divines clartés, retrempés dans le malheur et la souffrance.

Je voudrais bien te voir en contact avec le peuple, pour t'instruire de ses mœurs, de son esprit et de ses aspirations légitimes. Si tu le voyais de près, tu aurais moins de répugnance à lui reconnaître les mêmes droits qu'aux patriciens.

Veux-tu que je te conduise dimanche, dans une réunion de Titans campagnards? — Tu ferais bien d'y venir, et tu verrais que les foules ne sont pas indignes de tes sympathies.

JUPITER

Pour m'encanailler!.... moi Jupiter!.... avec des bûcherons, des charrons, des tanneurs, des jardiniers, des menuisiers, des ferblantiers; avec des marchands de toute espèce!

Pour la plus jolie nymphe des bois, Jupiter ne voudrait pas être vu en pareille compagnie.

MINERVE

Nous t'y conduirons enveloppé d'un manteau gris; et Apollon te fera mettre sous la table qui sert de tribune aux harangues, d'où tu pourras voir et entendre, sans être aperçu.

JUPITER

Oui, au milieu de cette foule qui sent l'ail et l'ognon crus, comme Sancho-Pansa de la Manche, l'écuyer de Don Quichotte.

MINERVE

Sois tranquille de ce côté : le dimanche, le peuple ne mange de l'ail et de l'ognon qu'en fricot, à la sauce piquante.

APOLLON

Tu mettras un peu plus de musc dans les flocons de ta barbe blanche, pour neutraliser les parfums étrangers à tes parfums d'ambroisie.

TROISIÈME CONFÉRENCE

Sur les Héros d'Homère

—

MAITRE JACQUES

Chers compagnons, une idée, folle peut-être, me traverse l'esprit depuis notre dernière conférence. Il m'a semblé, il me semble, que pour bien comprendre les affaires publiques et les hommes de notre génération, il serait bon de consacrer deux ou trois séances aux grands héros de l'antiquité, à partir des héros de la guerre de Troie, qui sont venus après Hercule ; illustres paladins chantés par le grand Homère qui dort, lui aussi, dans sa tombe de trente siècles, sous des couronnes d'immortelles que le temps n'a pas encore flétries.

MAITRE BARNABÉ

Ton idée me semble folle, en vérité !...
Que veux-tu que nous fassions des héros d'Ho-

mère, dans notre siècle de réformes et de travail? A quoi pourrait nous servir l'histoire d'Hector et d'Achille, pour choisir un bon gouvernement, et faire nos trous d'amandiers?

JEAN-PIERRE

S'il s'agissait d'Hercule qui a été l'ami et le protecteur des peuples opprimés, nous rendrions hommage à sa mémoire; mais votre Homère ne dit rien des bienfaits d'Hercule et de Thésée qui sont morts quelques années avant la guerre de Troie.

JEAN-BAPTISTE

Si nous laissions faire à leur guise, sans les interrompre, les orateurs qui veulent bien nous instruire et nous distraire, je crois que nous ne ferions pas mal. Je crois d'ailleurs, maître Jacques assez malin pour nous faire voir les héros d'Homère à peu près capables de planter des choux et des artichauts.

MAITRE JACQUES

S'ils étaient capables d'être jardiniers, laboureurs et vignerons, les héros seraient des gens utiles à la société; ils auraient fait queque bien en passant sur la terre, tandis que la plupart n'y ont fait que du mal. Je crois donc qu'il y aurait grand intérêt pour nous, à contempler de près l'héroïque majesté des Ajax et des Agamemnon. Nous y trouverions l'exemple de leur vie et les traces de leurs œuvres, pour nous avertir, et régler notre confiance envers les héros modernes. Les grands personnages d'Homère nous enseigneraient à comprendre les héros de la France de tous les siècles.

A l'exception de quelques uns qui ont été des bienfaiteurs et des vengeurs, tous les héros se ressemblent depuis le commencement du monde, depuis Achille jusqu'à César, depuis les Césars jusqu'à Clovis, Louis XIV et Napoléon : des aspirants de gloire, dominateurs superbes, massacreurs d'hommes, dévastateurs de provinces, ravageurs de nations.

Tous ces farouches batailleurs ensemble, n'ont pas fait du bien pour la valeur d'un artichaut. Au contraire ils ont dévasté les terres qui produisent les artichauts, le blé, la vigne et les oliviers ; ils ont dévalisé les populations, et violé nos demeures avec outrage, en se glorifiant de leurs crimes comme d'un bienfait.

Et ce sont là, les hommes que les peuples honorent et adorent, que les poètes chantent et illustrent, que les historiens offrent à notre admiration et à nos respects !

Un jour, je l'espère, un jour les peuples éclairés d'une lueur d'intelligence supérieure, n'auront que des malédictions pour les héros et les conquérants de tous les siècles.

MAITRE BARNABÉ

Si tu parles ainsi des héros antiques, à la bonne heure ! je n'avais pas compris le secret de ta pensée. Continue, ami Jacques ; nous apprendrons dans l'histoire ancienne, à connaître les derniers héros qui nous restent ; nous apprendrons à nous garantir de leur héroïsme, pour garantir nos vignes et nos amandiers, nos droits et nos libertés, des ravages qui font toute la gloire des héros et des conquérants.

MAITRE JACQUES

Prenons tous les guerriers fameux de l'antiquité homérique, les Grecs et les Troyens, le roi Priam, Hector et le pieux Enée, Achille roi des Myrmidons, Ulysse roi d'Ithaque, Ajax fils d'Oïlée, Ajax fils de Télamon, le bouillant Diomède, le vieux Nestor, l'empereur Agamemnon, et tous les autres vaillants de la guerre de Troie ; nous n'y trouverons que des batailleurs, des sabreurs, des fendeurs de crânes, des ravisseurs de femmes, des pillards et des incendiaires.

Ce sont ces grands malfaiteurs, que le monde admire depuis trois mille ans. On admire aussi le chantre qui les a immortalisés, en leur faisant gloire de leurs vices et de leur férocité.

Le livre d'Homère ne respire aucune idée morale; n'exhale aucun parfum de justice et de bienfaisance, aucune sensation d'humanité.

Les ruines troyennes; les larmes d'un peuple sans asile, qui fuit les flammes d'Ilium; cette foule d'enfants que les mères et les veuves éplorées emportent en exil, après un siége de dix ans; ces vieillards qui s'en vont, et qui pleurent la tombe des ancêtres, le trouvent insensible et sans pitié, sans un mot d'amertume sur cette terre florissante changée en désert. Les vibrations du cœur et les frémissements de l'âme devant les empires qui s'écroulent, et les peuples qui périssent, sont des fibres absentes de son génie altier. Rien ne l'indigne, rien ne trouble la sérénité de sa lyre sauvage, aussi rude que le sabre de ses héros carnassiers.

MAITRE BARNABÉ

Le poète Hellenique réserve toute la verve de son style magique, à illustrer les coups de lance et les coups de pierres des combattants, à nous décrire l'antre des cyclopes, à nous peindre la cuirasse et le bouclier d'Achille, à nous vanter les festins héroïques de ses grands guerriers, qui dévorent par tête le quart d'un bœuf arrosé d'un décalitre de vin noir.

On ne trouve dans le grand Homère que des béliers qui se heurtent, des taureaux qui s'égorgent ou se déchirent, des buveurs qui boivent comme des trous, en invoquant les dieux et les déesses de l'Olympe.

MAITRE JACQUES

La grande renommée du grand Homère, lui a été faite par les générations guerrières de la Grèce, par les consuls, les empereurs et les patriciens romains, les descendants de la chevalerie du moyen-âge, à l'époque de la renaissance des lettres, l'ont également proclamé avec enthousiasme, un poète divin.

Toutes les aristocraties ont fait à Homère une colonne de gloire, parce qu'elles ont trouvé dans l'Iliade la glorification de leur propre vie, la glorification de leurs mœurs et de leurs débauches, la glorification de leurs conquêtes et de leurs rapines, la glorification du carnage et de la ruine des vaincus, la glorification de la force brutale, et la glorification de l'esclavage des simples mortels au profit des vainqueurs.

— Gloire à Homère et à ses héros, modèles des héros, des poètes et des historiens modernes.

MAITRE BARNABÉ

Les prêtres et les universités catholiques, n'ont pas manqué de joindre leurs louanges à toutes les louanges des patriciens laïques. Les sacerdoces de tous les cultes ont vu dans Homère un Moïse de toutes les religions; dans l'Iliade et l'Odyssée, la Bible du paganisme universel, dont les divinités classées en catégories, sont aussi nombreuses que les étoiles du firmament. Varron en compte plus de trente mille, qu'Ovide appelle la populace des dieux, et que les catholiques ont remplacé dévotement par les anges et les archanges, les saints et les saintes du paradis.

C'est à la classe des grands dieux, et même à la populace des dieux païens que les rois, les héros et les peuples d'Homère rendent de parfaits hommages, et adressent de riches présents. Dévotion païenne qui est fort prisée et vantée dans les écoles et les séminaires catholiques.

Si vous avez feuilleté les pages d'Homère, vous y aurez vu que son poème est le grand livre du commerce des miracles ; il y en a autant que dans les livres de Moïse. Toutes les divinités de l'Olympe viennent à l'envie se promener sur la terre , en chair et en os, habillées de toutes les couleurs de l'arc-en-ciel , pour donner leurs conseils aux Grecs et aux Troyens. On y rencontre Jupiter , Junon , Vénus , Apollon , Mars , Mercure et leurs confrères , traversant les airs sur des nuages , descendant dans les villes et dans les camps, sous la tente de leurs héros favoris , puis et remontant vers les étoiles, invisibles au vulgaire , et ne montrant leur divine majesté qu'aux mortels privilégiés du ciel.

Toutes ces divines impostures Homériques , se sont perpétuées jusqu'à nous , à travers tous les âges. Nos jésuites et nos capucins ne font que copier les miracles d'Homère , par les miracles de la sainte-Vierge et de saint Janvier , qui viennent nous faire peur de la maladie des vignes, et de la pourriture des pommes de terre, si nous ne sommes pas bien sages, bien obéissants à notre vieux pape , à nos vieux rois, et à nos vieux patriciens.

QUATRIÈME CONFÉRENCE

—

De 336 à 325 avant J.-C.

—

MAITRE JACQUES

Après les héros sabreurs et sauvages, on doit bien une petite conférence à Messieurs les héros sabreurs et conquérants, un peu civilisés au contact de la Grèce républicaine.

Philippe roi de Macédoine, avait semé sur le terrain de la confédération grecque, la corruption, la discorde et l'artifice; Alexandre le Grand vint recueillir les fruits de la politique paternelle, à la pointe de l'épée.

Mais la Grèce était déjà mourante ou morte. L'éloquence de Démosthènes avait retenti dans les âmes sans les arracher à la torpeur funèbre, qui précède la décadence finale réservée à toutes les grandeurs de la terre.

***

Alexandre le Grand, élevé sur le trône à l'âge de vingt ans (336), acheva les plans de son père Philippe, en y ajoutant le surcroît de sa juvénile ambition.

Disciple du rhéteur Aristote, nourri de toutes les sciences grecques, et de tous les raffinements des Cours, Alexandre se servit des bienfaits et du génie de la Grèce, pour asservir sa nouvelle patrie.

Après avoir conquis la Thrace et l'Illyrie, le héros de vingt ans s'élance au dehors, avec toutes les forces helléniques et macédoniennes, à la conquête du monde.

***

Deux expéditions en Egypte, lui assurent le royaume des Pharaons, auquel il imposa une nouvelle capitale, la ville d'Alexandrie, fondée par le conquérant. Tout plia devant le vainqueur qui ne trouve qu'un peuple accoutumé à l'esclavage; et les prêtres le proclament un Dieu.

Alexandre le Grand s'en va jusqu'aux confins du désert de Libye où était le temple d'Ammon, bâti deux mille ans avant Jésus-Christ, monument fameux, devenu dans la suite, le temple de Jupiter Ammon, desservi par le grand-prêtre et par quatre-vingt prêtres subalternes, qui tous ensemble n'avaient rien à faire qu'à rendre des oracles pour de l'argent, aux pauvres diables du peuple, et en faveur des puissants, qui allaient les consulter.

Tu es invincible, mon fils, s'écria Jupiter par la bouche de l'Hièrophante, simulant le délire sacré de la Sibylle de Cumes.

Sur cette réponse du grand Pontife de Jupiter, qui était le pape du temple renommé, et qui fut grassement payé de son imposture, le héros macédonien se fit passer pour le fils du Dieu de l'Olympe, et s'en alla conquérir les peuples qui tremblèrent devant cette nouvelle progéniture de Jupiter Ammon.

***

Alexandre et ses lieutenants étaient destinés à être les grands dévastateurs de l'Orient.

La ville de Tyr paya cher son héroïque résistance à la marche triomphale du héros, le monarque outré de rages d'un si long siége qui retardait sa gloire, fit égorger les trente mille vaillants défenseurs qui avaient osé contrarier le fils de Jupiter, pour sauver leurs demeures, leurs femmes, leurs enfants, leurs vieillards et les ossements de leurs pères.

L'entassement des morts sur le champ de bataille, ne suffit pas toujours à la voracité du vainqueur, il lui faut encore l'alignement des cadavres, passés avec art au fil de l'épée, pour accomplir les délices de la victoire.

Ayant ainsi enivré son armée des vapeurs brûlantes du carnage, le roi de Macédoine comprit qu'il pouvait tout espérer avec des compagnons dignes de lui.

Après un massacre si héroïque, après avoir fait la solitude de la mort dans la demeure des hommes, les grands conquérants peuvent se vanter de fonder un empire glorieux et prospère, au nom des veuves qui les adorent, au nom des orphelins qui les bénissent, au nom des Dieux qui les ont destinés au gouvernement de la terre, pour le bonheur des peuples.

*
* *

La renommée du conquérant était faite; rien désormais, ne lui résiste sérieusement. Il s'empare de toute la Syrie, y compris le petit royaume des juifs; et il continue sa campagne dans l'Asie indienne, dont il fut le maître après les victoires d'Issus et d'Arbelles, en 333 et 331, sur Darius, roi des Perses, qui était un autre Dieu oriental, et qui était lui aussi le vainqueur des Indiens.

Les rois de l'Asie qu'Alexandre le Grand rencontre sur son passage, se soumirent presque tous sans résistance ; les prêtres brahmines, qui étaient les grands maîtres de la Société Asiatique, furent fascinés comme leurs paroissiens, de la puissance du héros qui leur tombait des nues avec la réputation d'être une incarnation de Jupiter Brahma.

On sait que les Indiens avaient une Sainte Trinité, qui était alors composée de Brahma le père, de Vichnou et de Siva. On sait aussi, que Vichnou, la seconde personne de cette Trinité, déjà incarné neuf fois pour sauver les hommes et les racheter de leurs iniquités.

L'incarnation d'Alexandre le Grand, faisait la dixième pour les Indiens ; ce qui faisait accueillir le roi Macédonien avec une sorte de vénération mystique. — Pensez-donc ! — Dix incarnations ! — C'était superbe. On aurait pu aller à la douzaine sans que les Indiens en fussent beaucoup plus étonnés.

On voit par là, que les chrétiens n'ont pas le monopole des incarnations divines. Les prêtres brahmines avaient déjà consacré une foule d'incarnations, bien des siècles avant les chrétiens. Ce sont des mystères qui n'appartiennent qu'au génie sacerdotal dont la profession est de vivre en communication perpétuelle, avec les *esprits* qui habitent la lune et les étoiles.

Alexandre le Grand profita naturellement de sa qualité de fils incarné d'un Dieu, pour soumettre cette vaste contrée à sa domination. La superstition a souvent fait plus que les armes, pour la fondation des royaumes et des dynasties.

Le héros Macédonien ne fut pas content d'avoir traversé l'Indus en triomphateur; il poursuivait sa campagne, et il serait allé jusqu'au fleuve du Gange, peut-être jusqu'en Chine pour s'y engloutir avec ses bataillons, s'il n'avait redouté l'insubordination qui commençait à souffler dans les rangs de ses phalanges harassées. Les murmures de l'armée lui rendirent le bon sens du retour, sans lui rendre le retour du bon sens. Il divise ses troupes en deux corps qui remontèrent vers la Syrie, pour suivre le cours de l'Euphrate, et s'emparer de Babylone qui fut une conquête facile à la gloire guerrière et à la divine renommée du grand Kan de l'Orient, précurseur du grand César de l'Occident.

***

Dans cette grande Babylone, pleine de senteurs d'une antique opulence; dans les palais parfumés de Sardanapale, dans les jardins embaumés de Sémiramis; ivre de ses triomphes, ivre des hommages d'un monde corrompu et dégradé, Alexandre le Grand voulut se faire adorer comme un Dieu.

Babylone tout entière se prosterna et fléchit le genou devant cette divine majesté qui sentait déjà le cadavre de la tombe. Les prêtres de la Tour de Babel, qui étaient considérés comme des Dieux, se prosternèrent et adorèrent le conquérant superbe, habillé d'or sur son trône d'ivoire et d'argent. Ses officiers, ses généraux, ses légions l'adorent et le proclament fils de Jupiter olympien.

Un seul homme osa résister au démon de la folle puissance. C'est le philosophe Calisthènes, qui était un des savants de la commission scientifique de la Grèce, mise à la suite de l'expédition asiatique dans l'intérêt de la science et de l'histoire. Calisthènes, se souvenant de l'honneur d'avoir été un libre citoyen de la Grèce, refusa de rendre au fils de Philippe, les honneurs divins.

Mais le fils de Philippe, offensé dans son orgueil de roi et de conquérant, offensé dans la magnificence de sa divinité, fit enfermer dans une cage de fer le noble Calisthènes qui y resta inébranlable jusqu'à la mort. Après plusieurs semaines de calme souffrance, Calisthènes fut égorgé par les ordres de l'illustre tyran, l'an 328 avant l'ère chrétienne.

***

Depuis le meurtre de Calisthènes, Alexandre vécut encore trois ans, plongé dans les délices de Babylone, toujours offusqué, non du remords de son crime, mais de l'humiliation d'avoir été vaincu sur son trône, par Calisthènes dans sa cage de fer.

Dans son déboire impérial, laissant à ses officiers-généraux, le soin de son empire qui était planté sur l'Europe, sur l'Afrique et sur l'Asie, le monarque insensé se livrait au milieu des festins et de l'orgie, à des plans gigantesques de conquête sur le monde entier.

Dans l'orgueil de ses victoires orientales, il se croyait tout facile et tout permis, s'imaginant trouver dans toutes les régions des trois continents, des figurants de spectacle comme les Indiens. Il ne savait sans doute encore rien de la puissance romaine, contre laquelle seraient venues se briser toutes ses phalanges macédoniennes, et toutes ses phalanges orientales. Il ignorait encore, que lorsqu'il monta sur le trône, Rome avait déjà 418 ans d'existence triomphante, et que son règne de onze ans avait pour contemporains les consuls qui firent la guerre aux Samnites, après laquelle commencèrent les guerres de Carthage.

Mais ses plans de conquête universelle, ne

devaient être qu'un songe, le rêve d'une imagination délirante, qui jetait au vent du désert ses dernières clartés.

Miné par la débauche, miné par la folie de l'ambition, toujours rongé par le souvenir de l'héroïque Calisthènes, le grand Alexandre mourut à l'âge de 31 ans, dans le désespoir de n'avoir pu faire fléchir la dignité du philosophe, devant la majesté de l'empereur de Babylone. (325 ans avant J.-C.)

JEAN-PIERRE

Le nom de ce grand malfaiteur, est cependant resté dans l'esprit public, comme le nom d'un héros digne d'hommages. Les noms d'Alexandre, d'Achille et de César, courent les rues. Singulière manie des peuples, qui raffolent de leurs tyrans et de leurs dévastateurs, pourvu qu'ils soient d'illustres massacreurs dans les combats. On garde leur mémoire ; tandis qu'on ignore Calisthènes, Aristide, Solon et Socrate.

MAITRE BARNABÉ

Ce n'est pas la faute du peuple, si on ne met entre ses mains dans les écoles, que des livres menteurs et corrupteurs, qui n'offrent à son esprit et à ses respects, que les grands batailleurs, les grands dévastateurs et les grands carnassiers de la terre. Ce n'est pas la faute du peuple, si on lui cache le nom des sages, et la vie des bienfaiteurs de l'humanité.

CINQUIÈME CONFÉRENCE

—

Sur les Héros Romains

—

MAITRE JACQUES

A la mort d'Alexandre-le-Grand , son empire fut disloqué, coupé en morceaux, partagé entre ses lieutenants qui s'y taillèrent une douzaine de royaumes , sans assouvir leur ambition individuelle et collective; chacun d'eux se croyant digne de tout l'héritage impérial.

Le fils d'Alexandre, qui aurait pu revendiquer la succession paternelle, fut empoisonné en basâge, quelques années plus tard, par un des lieutenants de son père , qui s'était emparé de la couronne de Macédoine , assurant ainsi à ses dignes co-partageants les autres lambeaux qui leur étaient échus.

Les populations ne gagnèrent rien, ne perdirent rien à cette révolution de patricien. L'esprit despotique du défunt maître, fut transmis tout entier dans chacune des fractions de l'empire, et les peuples furent, suivant l'usage antique et solennel, pressurés, torturés, tyrannisés par cette collection de dynasties, jusqu'au jour où il prit aux Romains l'envie d'étendre leurs conquêtes du côté de l'Orient, pour remplacer les pillards monarchiques, par les pillards consulaires de la République romaine.

*
* *

Les Romains ont enfanté un plus grand nombre de héros, que toute autre nation, dans une existence toujours militante de 1230 ans ; dont 754 avant J.-C., et 476 après l'ère chrétienne.

Soit encore : 245 ans sous les rois.
464 en république.
521 sous l'empire, depuis la dictature perpétuelle de Jules-César.

Douze cent trente ans de guerre ou de préparatifs, sont bien suffissants à produire une multitude de grands batailleurs, sabreurs d'hommes, ravisseurs de territoires et de jeunes filles sur tous les continents ; héros en tout genre et de toute qualité. Il n'a manqué à cette race héroïque de patriciens, qu'un Homère pour les chanter, les embélir ou les barbouiller de la teinte mythologique des Grecs et des Troyens.

La masse plébéienne était elle-même une foule héroïque ; et il est sorti du sein de cette foule, des hommes aussi célèbres que les grands hommes de la caste patricienne.

***

Sous les rois et dans le premier siècle de la République, les grandes charges, tous les honneurs et toutes les dignités de l'Etat, furent exclusivement réservés aux familles patriciennes, aux quelles Romulus et ses successeurs avaient donné cette qualité distinctive de la masse plébéienne.

Ce n'est que plus tard, l'an 387 de la fondation de Rome, et 367 ans avant notre chronologie, que les plébéiens eurent le droit d'aspirer au consulat. Ce ne fut pas sans peine, que le sénat et les patriciens consentirent à cette juste innovation ; mais la guerre civile était sur le point de commencer ; les partis armés et en présence, se mesuraient des yeux, et les coups allaient tomber. Camille qui était dictateur, plus clairvoyant que les sénateurs, leur fit comprendre qu'il fallait céder, si on ne voulait pas voir le parti patricien perdu et anéanti sous les forces invincibles des plébéiens résolus et inébranlables.

Le premier consul plébéien fut Sextius qui avait tant contribué, comme tribun du peuple à obtenir cette victoire. La faculté de parvenir, suivant le mérite personnel, à toutes les autres magistratures, fut dans la suite également concédée aux plébéiens, sous la pression d'une impérieuse nécessité.

Quatre mille ans d'histoire nous enseignent, que les aristocraties n'acceptent la justice, que contraintes et forcées, devant une révolution imminente ou une révolution accomplie.

*
* *

Nous ne signalerons, parmi les héros du monde patricien, que les plus célèbres personnages dont la vie se trouve liée aux événements de la politique intérieure, qui fait l'objet particulier de nos conférences.

— Junius Brutus et Collatin, maris de la chaste Lucrèce, furent les deux premiers consuls de la République, après l'expulsion des rois qui étaient devenus odieux au peuple et au Sénat. L'attentat du jeune Tarquin, fils du dernier roi de Rome, sur Lucrèce, ne fut que l'occasion d'abolir la royauté qui se donnait trop de licence contre les intérêts patriciens. (509 avant J.-C.)

— Coriolan, condamné dans une assemblée du peuple à un exil perpétuel, vint assiéger Rome à la tête d'une armée ennemie. (490.)

Ce fier patricien, cruel, fanatique et injuste, conspirait sans cesse avec d'autres sénateurs, l'abolition de l'institution des tribuns, qui étaient ce que sont aujourd'hui les députés de la nation. Il avait même osé déclarer dans le Sénat, qu'il fallait tenir les plébéiens dans la misère et la servitude, pour les gouverner plus facilement. Telle fut d'ailleurs, la politique perpétuelle des sénateurs et des patriciens, envers ce peuple toujours sacrifié, qui a fait toute la force et toute la grandeur du nom Romain.

— Les décemvirs, dix patriciens qui étaient chargés du pouvoir exécutif et législatif, commirent tous les excès, tous les outrages, toutes les brutalités contre le peuple, et qui finirent par l'usurpation à l'expiration de leur mandat. Le Sénat lui-même s'était pris d'antipathie à leur égard, bien qu'ils fussent tous sénateurs.

Enfin, deux derniers crimes consommés par les décemvirs, firent déborder l'indignation publique.

Siccius Dentatus, colonel des vétérans, populaire et vaillant plébéien, fut assassiné en trahison par l'ordre des décemvirs, dans une reconnaissance d'avant-garde qu'on lui avait confiée traîtreusement dans une guerre contre les Sabins. Les décemvirs qui avaient longtemps prémédité leur crime, lui avaient donné pour escorte un peloton de bandits salariés, qui s'étaient chargés d'accomplir ce meurtre exécrable.

Pendant cet assassinat, Appius Claudius qui en était le principal moteur, commettait dans la ville un autre crime qui combla la mesure dans tous les esprits. Il employait la puissance publique et ses licteurs, à faire enlever une june fille plébéienne, l'infortunée Virginie, destinée aux lubricités du décemvir. Un père fut contraint de poignarder sa fille pour sauver sa vertu par la mort. (449 avant J.-C.)

Lorsque ces deux forfaits furent connus, le peuple et l'armée se soulevèrent sans concert. Deux décemvirs furent condamnés à mort, et les autres exilés à perpétuité.

— Camille, dictateur, qui fut assez heureux d'inspirer la paix aux deux partis disposés à combattre. (367.)

— Les Scipions qui sont une douzaine de célébrités. Le grand Scipion vainquit Annibal en Afrique, 202 ans avant notre ère; il fut ensuite accusé de concussion et condamné à l'exil où il mourut.

Scipion Nasica, l'assassin de Tiberius Gracchus et de ses amis. Les patriciens et les sénateurs suivirent Scipion, et firent un massacre du peuple au moment où l'on allait réunir les suffrages. (133 avant J.-C.)

— Sylla, le féroce proscripteur du parti plébéien, au nom des patriciens et au nom du Sénat qui l'avait nommé dictateur pour cet office de bourreau. (82.)

— Crassus, triumvir avec César et Pompée, célèbre par ses grandes richesses amassées dans les guerres d'Orient. Il vainquit les esclaves révoltés justement contre leurs bourreaux. (Mort 53 ans avant J.-C.)

— Lucullus célèbre comme Crassus, par son faste et ses richesses arrachées aux peuples vaincus. Il apporta de Cérisonte, le premier cérisier qui fut planté en Italie. (Vécut de 140 à 115 avant J.-C.)

— Pompée, chef des patriciens contre Jules César. Après la bataille de Pharsale, il s'enfuit en Egypte où il trouva la mort par les ordres du roi Ptolomée qui voulut plaire au vainqueur.

*
* *

Les hommes éminents du parti plébéien, sont aussi célèbres par leurs œuvres que par la grandeur d'âme et par l'amour de la justice.

— Mettons en première ligne Siccius Dentatus, déjà nommé, victime des décemvirs, qui s'était rendu illustre dans cent combats dont il était sorti victorieux, et qui avait fait gagner des batailles à ses consuls. Nature simple et loyale. caractère intrépide, sans peur et sans reproche ; un héros de patriotisme et de dévouement à l'intérêt public.

Lorsque le vieillard sans défiance, se vit attaqué par les trente satellites des décemvirs, dans un ravin profond, il s'élance aux parois du vallon pour n'avoir ses lâches agresseurs qu'en face devant lui. Douze de ces coquins tombent transpercé à ses pieds ; les autres épouvantés, fuient et se retirent loin du lion blessé, n'osant plus l'approcher. Il fallut songer à un autre genre d'assassinat, plus lâche encore que celui de trente spadassins acharnés en félonie contre un seul homme ; il fallut l'attaquer par derrière, l'écraser à coups de pierres du haut du rocher aux flancs duquel l'héroïque vétéran s'était retranché.

— Sextius, tribun du peuple, premier consul plébéien en 367 avant notre ère.

— Les deux Gracques, Tiberius et Caïus Gracchus, les plus grands orateurs de Rome, les plus nobles caractères, et les plus justes des romains célèbres. Tous les deux furent assassinés avec des milliers de leurs partisans les plus dévoués, par les patriciens et les sénateurs qui les attaquent en trahison dans l'assemblée législative ; le premier l'an 133, et le second en 123 avant l'ère chrétienne. Les Gracques avaient encouru la haine des grands de Rome, à cause de leur justice. Ils avaient entrepris de faire accorder aux plébéiens, suivant l'ancienne loi *Licinia*, une partie des terres de conquête dont les patriciens s'étaient emparés comme des forbans, au préjudice du peuple qui s'était vu privé de toute récompense après ses victoires.

— Drusus tribun du peuple, veut accomplir la justice des Gracques, et il propose en même temps de conférer aux habitants d'Italie, le droit de citoyen romain. Drusus que sa qualité de tribun du peuple rendait inviolable et sacré, fut assassiné sur le siége même de son tribunal, par un sicaire du parti patricien. (92 ans avant J.-C.)

— Marius Caïus, tribun du peuple, préteur, sept fois consul ; le plus grand capitaine des Romains avec Jules César. Il avait vingt ans quand le premier Gracchus fut assassiné ; devenu consul et maître de Rome, il proscrivit les assassins des deux Gracchus. (Mort 86 ans avant J.-C.)

— Sertorius, général romain, vainquit en Espagne le grand Pompée, et fut assassiné par les patriciens de Pompée, pour se débarrasser d'un rival puissant. (73 avant J.-C.)

L'assassinat fut toujours le suprême recours des patriciens contre les partisans du peuple.

— Jules César était d'une famille patricienne, mais il se tourna du côté du peuple pour s'en faire un marchepied contre les patriciens. Après ses victoires, il se fit nommer dictateur perpétuel l'an 45 avant notre ère, et fut assassiné l'année suivante par les sénateurs, en plein Sénat.

SIXIÈME CONFÉRENCE

—

César et Pompée

—

MAITRE JACQUES

A l'époque où César et Pompée se disputaient la suprême puissance, l'un pour fonder une monarchie, l'autre pour consolider le gouvernement de l'ancienne aristocratie, Rome avait à peu près terminé ses vastes conquêtes, y compris les territoires qui avaient formé l'empire d'Alexandre le Grand.

Toutes les richesses des peuples conquis, étaient entre les mains des patriciens qui vécurent alors dans une extrême opulence; ce qui fut la source d'une extrême corruption et d'une extrême dégradation. Simples patriciens, sénateurs et consuls, étaient si dégénérés et si dégradés, qu'ils étaient devenus incapables d'aucun effort ni d'aucune intelligence pour conserver la domination qu'ils avaient reçue des ancêtres.

Le peuple n'avait eu aucune part à la curée des nations ; il avait versé son sang pour la conquête du monde, et il n'avait reçu en partage que la misère et la servitude toujours plus profondes. Il avait toujours reclamé ses droits sur les terres conquises ; et la loi *Licinia*, avait été faite dans ce but, mais n'avait jamais était mise à exécution. Les patriciens l'avaient toujours éludée par l'artifice, la violence et l'assassinat des tribuns du peuple. La masse populaire était restée terrassée depuis les Gracques ; et on ne songea pas même qu'elle put être relevée avec l'appui du grand Marius, tribun et consul plébéien.

La grandeur et la décadence des Romains, étaient l'une et l'autre pleines et entières, en même temps. Grandeur devant le monde vaincu ; décadence intérieure *in extremis*. Les patriciens étaient pourris par l'opulence, les plébéiens pourris par l'indigence. Beau régime social, dont la paternité revient tout entière à l'aristocratie romaine, maîtresse dans l'art des grandes iniquités. Un pareil monde ne pouvait faire autrement que de courir à une mauvaise fin, à une désolante destinée : tomber dans l'ère des

Césars, devenir la pâture des Vandales, et enfin, la pire infortune, être gouverné par une compagnie de jésuites, avant et après Ignace de Loyola.

Jules César avait parfaitement compris qu'il lui était facile de s'insinuer dans l'esprit du peuple, en lui promettant réparation de toutes les injustices et de tous les outrages patriciens.

Jules César faisait dire par ses affidés, qu'il était seul assez puissant pour faire exécuter la loi *Licinia*, et faire rendre au peuple le fruit de ses victoires, dont les patriciens s'étaient saisis par la plus monstrueuse iniquité. César seul, disait-on aux plébéiens, peut vous faire restituer vos droits légitimes sur les terres conquises, et vous venger des injures séculaire du Sénat.

Il n'en fallait pas davantage pour acquérir les sympathies et l'appui du peuple malheureux et souffrant, au profit de César. Dans la société plébéienne, on ne pouvait encore supposer les vues ambitieuses de César, qui étaient d'anéantir les patriciens par le peuple, et d'être l'unique patricien de la République romaine. On ne pouvait supposer, que son but était de renverser la république du peuple, et la république du Sénat.

Du reste, quel que fut le vainqueur, de Pompée ou de César, l'intérêt public n'avait rien à y voir; les deux compétiteurs n'ayant d'autre convoitise que la domination égoïste et injuste.

Mais Pompée voulait les bénéfices du pouvoir avec une aristocratie dominante ; César voulait tous les profits pour lui seul.

Pompée était le héros de la suprématie patricienne, ayant pour oracles et pour gardiens, le Sénat et les consuls.

César se faisait le héros du peuple, pour dominer en maître sur le peuple et sur le Sénat.

Le peuple, toujours ouvert à l'espérance et à l'illusion, comme on l'est dans le malheur, crut voir dans César un vengeur et un restaurateur de la puissance plébéienne ; et sa confiance en lui fut extrême. D'un signe, son héros pouvait exciter une sédition formidable, qui aurait écrasé les patriciens, avec le concours des légions gauloises, des vétérans et des lieutenants de César, dévoués par sympathie et par intérêt.

Pompée, le Sénat et tous les patriciens sentirent le sol trembler sous leurs pieds. On croyait voir déjà s'écrouler sans retour, cette grande puissance aristocratique qui avait coûté tant de sang, tant d'artifices et tant de crimes. A tout instant, on se représentait la plèbe romaine frémissante, soulevée comme un ouragan, pour demander compte de tant de spoliation et d'iniquités, pour demander justice du massacre abominable des Gracques et de tous les autres tribuns du peuple, assassinés par les patriciens conjurés.

Mais qui donc était coupable de cette anarchie, de cette impuissance des lois, de cette situation violente qui menaçait à toute heure d'éclater en tempête ? — N'était-ce pas la politique patricienne ?

Depuis des siècles, les patriciens avaient pratiqué une politique féroce, une politique de rapines, une politique de brigandage continu envers le peuple romain comme envers les peuples vaincus. Messieurs les patriciens pouvaient enfin jouir des conséquences finales de leurs œuvres séculaires, accomplies avec le concours des pontifes, et des flamines de Jupiter, avec le concours de tous les prêtres païens, qui avaient toujours quelque bon miracle en réserve, au profit des sénateurs et des consuls.

Devant cette température redoutable de la capitale du monde, Pompée et ses satellites, affolés de terreur et d'indignation, sortirent de Rome secrètement, pour aller dans les provinces de l'Orient lever des légions contre le héros qui tenait en échec l'antique puissance du Sénat.

Les deux camps se rencontrèrent en Grèce, dans les plaines de Pharsale, où l'armée patricienne fut battue à plate couture. Pompée s'enfuit en Égypte où il trouva la mort. (48 ans avant J.-C.)

L'heureux vainqueur, après s'être fait reconnaître pour maître en Égypte et dans l'Orient, s'en vint à Rome donner des fêtes et des réjouissances en l'honneur du peuple qui comptait la victoire de Pharsale à son profit. Mais César était le maître absolu, tout en disant qu'il ne travaillait que pour rendre au peuple ses anciennes libertés, et à la République son ancienne splendeur.

César disait toujours qu'il ne voulait tenir son pouvoir que du peuple; et pour faire voir au peuple, que le peuple était toujours le maître, César se fit nommer par un plébiscite, dictateur perpétuel. (45 ans avant J.-C.)

Mais en vérité, le peuple était agonisant, en même temps que le Sénat était bien malade; César était le médecin du peuple et du Sénat.

Il arriva cependant, qu'en allant visiter ses malades réunis en consultation, le médecin mourut lui-même subitement, de 23 coups de poignards, au milieu de l'assemblée du Sénat. Les Sénateurs malades avaient conspiré dans un accès de fièvre chaude, la mort du dictateur qui n'était pas médecin malgré lui.

César avait voulu tuer le Sénat; c'est le Sénat qui tua César (44 ans avant J.-C.)

SEPTIÈME CONFÉRENCE

—

Suite des Romains

—

MAITRE JACQUES

Le Sénat romain crut avoir fait un grand coup, en faisant disparaître Jules César; mais la mort du tyran laissait subsister le germe de la tyrannie qui s'appuyait frauduleusement sur les intérêts du peuple.

Si le Sénat avait bien voulu anéantir toute dictature, il n'avait qu'à réparer lui-même les injustices commises au détriment du peuple, lui faire son droit, et reconstituer la belle antiquité des premiers aïeux. Mais le Sénat aimait mieux l'argent que la justice; même au risque de tout perdre, fortune, domination et liberté.

D'ailleurs, le Sénat n'était plus qu'un cadavre vivant, incapable et impuissant. En dehors de Brutus et de Cassius, qui étaient encore des caractères romains, Messieurs les sénateurs, comme tous les patriciens, n'étaient plus que des sycophantes, des cuistres, des brutes, enfoncés jusqu'au cou dans uns tas de richesses mal acquises, enfoncés jusqu'au fond dans la vase de l'orgie la plus immonde.

Les plébéiens, sachant bien qu'ils n'avaient rien à espérer du côté des patriciens, avaient soutenu Jules César comme un protecteur; et ils étaient disposés à soutenir le premier venu qui se présenterait pour remplacer le défunt dictateur.

Octave César, âgé de 19 ans à la mort de son oncle, parut être le Messie populaire, le successeur attendu. S'il y avait eu en lui, l'âme d'un sage, le monde aurait pu être transformé; mais il n'y avait dans ce jeune homme qu'un neveu digne de son oncle.

Octave Marc-Antoine et Lépidus forment un nouveau triumvirat, excitent le peuple à la vengeance de son héros contre ses meurtriers qui remplissent le Sénat, font des largesses à la foule sur la succession de César, et promettent de poursuivre ses projets de réparations au profit des plébéiens.

Les meurtriers de Jules César, et un grand nombre de sénateurs, étaient partis pour les provinces de l'Orient, où Octave et Marc-Antoine allèrent les rencontrer dans la Grèce. Les triumvirs gagnèrent la bataille de Philippes, contre Brutus et Cassius. Cette fois, le parti patricien était bien mort et anéanti. (42 ans avant J.-C.)

***

Après cette grande bataille de Philippes, qui décida du sort de vingt nations, entre la République et l'empire, les triumvirs reprirent le cours de leurs vengeances politiques et de leurs vengeances personnelles. Les proscriptions tombent sur les patriciens comme la grêle sur les feuilles du printemps. La mort, l'exil, la confiscation, préparaient l'avénement de la monarchie.

La capitale et les provinces s'emplissent de carnage sous les ordres du triumvirat; les aristocrates monarchiques dévorent les aristocrates républicains; et le peuple qui a si longtemps souffert des rapines, de la tyrannie et de tous les crimes patriciens, le peuple applaudit à la ruine et à l'égorgement des patriciens.

***

Cicéron avait déjà été assassiné l'année précédente, par ordre de Marc-Antoine, avec la permission d'Octave César qui était l'ami de Cicéron; pour lequel ce dernier avait prononcé une douzaine de philippiques préconisant Octave auprès du peuple, au préjudice de Marc-Antoine. Cicéron tendit le cou à ses bourreaux et mourut en romain.

Mais si on peut louer Cicéron de la fermeté qu'il montra dans une mort tragique, on ne peut le louer des œuvres de sa vie ; et il dut regretter dans ses derniers jours, en fuyant Rome, de n'avoir été qu'un rhéteur et un sophiste, alors qu'il aurait pu être un Démosthènes et un Gracchus. Sorti du peuple, il s'était fait patricien pour courir les honneurs et la fortune ; et il pérora un discours sophistique contre la loi *Licinia*, pour défendre et justifier les grands larrons qui avaient usurpé tous les territoires des peuples conquis.

Partisan de Pompée, Cicéron prend le parti d'Octave César, après la mort de l'oncle, au lieu de prendre le parti du droit national ; comme s'il importait beaucoup à une nation, d'avoir pour maître un usurpateur qui s'appelle Octave, ou un autre usurpateur appelé Marc-Antoine.

Quelles belles harangues nous eut laissé l'accusateur de Catilina, s'il avait pris pour but l'antiquité romaine, pour rappeler au peuple la puissance plébéienne du temps de Camille le dictateur patricien !

Les triumvirs se passèrent ainsi leurs amis réciproques, pour satisfaire leurs vengeances, et avoir un plus grand nombre de domaines à donner à leurs créatures qui remplacèrent les anciens patriciens. Mais le peuple, à qui César avait promis sa part légitime, n'eut jamais rien. Des larrons meurtriers, remplaçaient les larrons proscrits; justice était faite; le peuple devait être content.

***

Quel spectacle navrant nous offre le monde depuis quatre mille ans d'histoire historique, digne sans doute de l'histoire fabuleuse ou inconnue des temps plus reculés.

Les hommes se déchirent et se dévorent, tandis que les bêtes féroces ne font que se disputer. Les peuples se tuent, et les loups ne font que se grogner devant une proie sanglante. — Ne ferions-nous pas bien de nous faire inscrire dans la société des loups? — Un loup pour monarque ou triumvir; un renard pour ministre, et un martre pour greffier. — Ces braves quadrupèdes nous apprendraient la vraie civilisation.

De notre côté, nous leur apprendrions la civilité puérile et honnête du jour de l'an. Sire loup enverrait sa carte de visite à nos moutons: mattre renard, à nos poules, et le martre à nos lapins. — Mais nous n'aurions plus de massacres d'hommes et d'enfants; des milliers de créatures rachetées par le sang de Jésus-Christ, ne mourraient plus dans les cachots, dans les tortures, dans les fureurs des sanglantes proscriptions.

Faisons un plébiscite solennel. Le suffrage universel qui n'est pas toujours sans esprit, mettra sans doute un loup ou un renard sur le trône, plutôt qu'un César. Le loup, le renard et le martre, seraient nos aimables triumvirs.

***

Après les proscriptions; Octave César et Marc-Antoine se regardèrent, étonnés de se voir tous les deux souverains. Lépidus qui était le troisième triumvir, ne comptait pour rien; on n'avait pu faire de lui qu'un grand pontife de Jupiter, et toute sa mission était de prier les dieux pour ses collègues qui avaient en partage toute la puissance.

Deux souverains dans Rome, c'était bon du temps des tribuns et des consuls; mais sous les Césars, c'était trop. Les deux triumvirs s'en allèrent, chacun avec son armée, terminer leurs rivalités par la bataille d'Actium, en Grèce. (31 avant J.-C.)

Marc-Antoine fut vaincu et mourut l'année suivante. Octave César resta donc seul maître de l'empire, et prit le nom d'Auguste, après s'être fait adjuger toutes les fonctions de la République : grand pontife, édile major, censeur, tribun du peuple, préteur et consul. Le tout au nom du peuple, pour le salut et les intérêts du peuple.

Longtemps, les vieux patriciens et les vieux sénateurs restés en place, conspirèrent contre l'empereur ; mais ils furent toujours écrasés au nom du peuple, et pour le bien du peuple.

JEAN-PIERRE

Le seul bien et la seule consolation du peuple, furent de voir les patriciens soumis à la servitude et à l'arbitraire impérial à l'égal des plébéiens.

***

MAITRE BARNABÉ

Maître Jacques, encore une question à éclaircir. Nous serions curieux de savoir au juste, quelle figure firent, dans ce tourbillon de guerres civiles, tant de prêtres païens qui ne savaient pas plus que leurs dieux et leurs paroissiens, à quelle faction resterait la victoire suprême.

MAITRE JACQUES

Les prêtres païens étaient des aristocrates de première classe; Corybantes, Flamines, Augures, Aruspices, Pythonisses, pontifes et bas-sacristains, étaient tous dévoués au Sénat et à l'ancien régime de la République patricienne. On les trouvait toujours disposés à faire des miracles au profit des sénateurs, des miracles pour la paix et pour la guerre, des miracles pour commander l'obéissance aux ordres des consuls, des miracles pour empêcher les tribuns du peuple de faire des lois justes au bénéfice des plébéiens.

Pompée avait toujours eu dans sa manche, les prêtres de tous les dieux; et le grand pontife était au service de son parti.

Mais quand les Césars parurent enfin victorieux sans rémission, tous les ministres de Jupiter, de Junon, de Mercure, de Diane et de Bacchus, après avoir longtemps balancé dans les transes de l'indécision, tous se tournèrent du côté de l'empereur, en le bénissant et en le reconnaissant pour le souverain pontife des dieux; on se mit de suite à prêcher dans tous les temples, que l'empereur était le salut de la Société, le salut de la sainte Religion de Jupiter, le salut de la République, et le salut du peuple.

Tous les empereurs, successeurs du premier César, furent accueillis avec les mêmes louanges, les mêmes tendresses et les mêmes bénédictions, prodiguées jadis aux magistrats de la République patricienne. La plupart des empereurs furent même placés au rang des divinités. Mais en bénissant des monstres comme Auguste César, Tibère, Néron, Caligula, Caracolla, Galère, Maxence, Maximin, et tant d'autres monarques qui ne valaient guères mieux, les prêtres ne font que préparer leur ruine dans l'esprit des peuples.

Tous les historiens de l'antiquité, nous enseignent que la société romaine, qui était déjà bien pervertie et bien ravalée sous le gouvernement patricien, tomba plus bas encore sous le gouvernement des empereurs. Tous les droits et toute moralité furent submergés et anéantis, depuis Jules César juqu'à la fin du Bas-Empire.

Mais il y a pour les nations, quelque chose de plus désastreux encore, que la perte du droit et de la liberté; c'est de perdre le chemin qui y conduit. Et les Romains, sous les Césars, n'eurent plus ni guide ni lumière, pour signaler au loin, le port qui promet un asile dans les angoisses du naufrage.

HUITIÈME CONFÉRENCE

Les Héros Patriciens contre le Christ

MAITRE JEAN-PIERRE

Ami Jacques, vos dernières paroles de dimanche dernier ont fait courir un frisson glacial dans nos veines, en disant que sous les empereurs, les Romains n'eurent plus ni boussole ni lumière, pour signaler un port de refuge au monde naufragé.

Cependant, il me semble que sous Auguste-César lui-même, vers le milieu de son règne, une lumière nouvelle était apparue en Orient, sortie du fond de l'empire, des environs de Jérusalem. Le fils de l'homme était venu au monde; et vraiment, le christianisme appartient à nos conférences, par la naissance de son fondateur qui était de la Judée, province de l'empire romain.

Pourrions-nous oublier, que le Christ a été le grand Messie et le grand tribun des peuples, depuis la mort de la liberté romaine ? Son Evangile appelle toute les nations, toutes les races, tous les hommes, les princes et les esclaves, dans le même sanctuaire, dans la sainte communion d'une sainte fraternité.

MAITRE JACQUES

C'est une providence inconnue, qui ne permet pas que les peuples restent longtemps sans consolation et sans espérance. Qand le grand foyer qui anime la terre, vient à s'éteindre sous la violence des orages, une étincelle emportée par le tourbillon, s'en va quelque part ranimer le feu sacré dans d'autres esprits, embraser d'autres climats.

La politique grecque et romaine était morte ; et la philosophie proscrite, vivait inerte sans éclat, sur quelques feuilles détachées de Plutarques, dans l'histoire des hommes illustres.

Le Christ est venu rallumer le flambeau ; lumière nouvelle, philosophie métaphysique, qui éclate en paraboles sur la montagne, sur le bord des torrents, et sur la mer de Galilée, pour éviter l'aspic et le basilic, le lion et le dragon, qui veillent dans le temple de Jérusalem, et dans le palais de César.

Le Christ, dans sa doctrine mystique, montre le ciel à ses disciples. Il le promet à tous les hommes, à la condition de pratiquer la justice sur la terre.

Jésus est venu à son heure providentielle; il est venu et il s'est levé sur sa parole, quand tout le monde était évanoui, prosterné, abattu dans la poussière du chemin. Au milieu de la tyrannie universelle, il s'annonce comme le Rédempteur des peuples, au milieu des esprits terrassés, il est envoyé pour être le libérateur des âmes.

***

« L'esprit du Seigneur est sur moi; et il m'a
« consacré de son onction. Il m'a envoyé pour
« annoncer l'Evangile aux pauvres, pour guérir
« ceux qui ont le cœur brisé. »

« Pour publier la liberté aux captifs, et le
« recouvrement de la vue aux aveugles; pour
« renvoyer libres, ceux qui sont dans l'oppres-
« sion, et pour publier l'année favorable du
« Seigneur. » (S. Luc, chap. 4.)

« Le fils de l'homme est venu pour sauver ce
« qui était perdu. » (S. Mathieu, chap. 18.)

« Bienheureux, ceux qui sont affamés et alté-
« rés de la justice, parce qu'ils seront rassasiés.
« Bienheureux, ceux qui souffrent persécu-
« tion pour la justice, parce que le royaume
« des cieux leur appartient. » (S. Mathieu, chap. 5.)

Un pharisien qui était docteur de la loi, l'ayant interrogé pour le surprendre, Jésus lui répondit :

« L'amour de Dieu, et l'amour du prochain,
« sont les deux grands commandements qui ren-
« ferment toute la loi et tous les prophètes. » (S. Mathieu, 22.)

« Alors, Jésus dit à la Samaritaine :

« Femme, croyez-moi ; le temps va venir,
« que ce ne sera plus sur cette montagne, ni
« dans le temple de Jérusalem, que vous adore-
« rez le Père.

« Le temps vient, et il est déjà venu, que les
« vrais adorateurs adoreront le Père en esprit et
« en vérité.

« Dieu est esprit, et ceux qui l'adorent, doi-
« vent l'adorer en esprit et en vérité. » (S. Jean, chap. 4.)

« Quand vous voudrez prier, entrez dans votre
« chambre ; et Dieu qui voit dans le secret, vous
« en rendra la récompense. Mais ceux qui vont
« prier en public, dans les églises ou au coin des

« rues, n'en recevront point de récompense. » (S. Mathieu, chap. 6.)

*
* *

Les paroles de Jésus-Christ, que nous venons de transcrire, renferment toutes les grâces, toutes les vertus et toute la sagesse de la terre. Tous les hommes et tous les peuples y trouveront l'affirmation de leurs droits et de leur entière liberté contre toute domination laïque, et contre toute prétention ecclésiastique. — L'homme libre, la conscience libre. — Par sa doctrine, le Christ a supprimé tous les cultes et tous les prêtres sacrés; point d'intermédiaire entre la créature et le Créateur.

Le Christ a établi la religion naturelle dans toute sa pureté pour débarrasser le monde de l'influence des sacerdoces qui avaient déjà fait tant de mal, prévoyant bien qu'ils en feraient autant au moins dans l'avenir.

On ne sait que trop, hélas ! comment les successeurs des apôtres ont accommodé à leur fantaisie cette sainte religion du doux Jésus.

*
* *

Saint Etienne, premier martyr, dans les actes des apôtres, et saint Paul dans ses épîtres, consacrent tout l'esprit de l'Evangile, en disant : que Dieu n'habite point dans les temples bâtis de la main des hommes. (Actes, chap. 7.)

Par conséquent, les temples et les églises ne sont que des maisons d'école où l'on vient s'instruire, à l'abri de la pluie et du soleil, en y écoutant des professeurs de morale et de physique, salariés ou gratuits.

En supprimant toute espèce de culte, tout sacerdoce, tout directeur de conscience, Jésus-Christ a ainsi reconnu la liberté et la capacité morale des hommes ; il a reconnu le libre examen et le libre jugement à tous les membres de l'humanité, sans intervention surnaturelle, sans mystère et sans révélation.

Voilà, cher lecteur, l'esprit et la lettre des Écritures, et quiconque donne à la doctrine chrétienne, une autre conclusion et une autre destination, n'est qu'un esprit égaré, fourvoyé dans une religion qui n'est pas la religion de notre Christ libérateur et précepteur, apôtre et martyr.

***

Telles sont les grandes prédications qui attirèrent à Jésus la haine acharnée des grands et des prêtres de la Judée. Les patriciens romains n'y prirent garde que plus tard ; mais les patriciens juifs qui étaient touchés de plus près, poursuivirent Jésus avec rage, cherchant le moyen de le faire périr, sans exciter l'émotion du peuple, qui était sympathiquement attaché à Jésus, son protecteur et son prophète.

Enfin, après trois ans de sainte prédication, Jésus fut arrêté, supplicié, crucifié, avec mille outrages, à l'âge de 33 ans, par les prêtres et par les aristocrates juifs, avec la permission de Ponce-Pilate qui était gouverneur de la Judée, au nom de Tibère César.

⁂

Les apôtres et les disciples, qui continuèrent à prêcher la morale évangélique, la liberté des peuples, la justice entre les hommes, l'amour du prochain, l'égalité des races, et le rapprochement de toutes les nations, furent également, apôtres et disciples, martyrisés, persécutés, torturés, pendus, brûlés ou crucifiés comme leur divin maître. Pendant trois cents ans, les chrétiens furent traqués poursuivis, exterminés, dans la capitale et dans les provinces, avec une rage infernale, au nom des dieux païens et au nom des empereurs, par les patriciens, par les gouverneurs et par tous les fonctionnaires de l'empire.

Après trois siècles de persécutions atroces, les chrétiens furent néanmoins toujours plus forts et plus nombreux, et l'idée chrétienne toujours plus grandissante dans les masses, malgré toutes les rigueurs et toutes les iniquités du monde païen.

*
* *

C'est alors, que les nobles patriciens se dirent qu'il fallait absolument changer de tactique, pour dompter les disciples indomptables de Jésus-Christ. Il faut changer de tactique, se disaient les gros païens, puisque les violences et les supplices sont impuissants contre le christianisme, qui était alors la lumière de la terre, l'étoile des peuples.

C'est pourquoi, les empereurs et les patriciens s'étant réunis, décidèrent après de longues délibérations, que le meilleur moyen serait d'embrasser le christianisme pour mieux l'étouffer. On aurait l'air de se faire chrétien ; et une fois dans la place, on tâcherait d'embaucher les ministres de Jésus-Christ, par l'attrait des richesses de la terre.

Constantin Ier fut le premier empereur à se dire chrétien, avec les gens de sa cour, promettant aux disciples la liberté de leur religion et de leurs prédications. Liberté qui fut accordée par un décret de l'an 312, depuis la naissance de Jésus-Christ.

*
* *

Après avoir, pendant une douzaine d'années, monté ses batteries et ses raffineries à l'égard du clergé, Constantin comprit bientôt que nos évêques n'étaient plus des apôtres farouches, et qu'on pouvait s'entendre avec les héritiers de saint Pierre et de saint Paul. C'est pourquoi, notre empereur assembla un concile de docteurs et d'évêques à Nicée, dans l'intention, disait-il, d'assurer aux chrétiens la protection et les faveurs de l'Etat. (325.)

Le concile fut présidé par l'empereur lui-même; et nos premiers pasteurs furent si magnifiquement traités dans le palais de Nicée, si bien festoyés par les nobles patriciens, qu'ils auraient pu à la rigueur se tromper de bonne foi sur les intentions pieuses du prince et de ses ministres.

Un peu étourdis, sans doute, par les bons vins d'Athènes et de Corinthe, nos évêques disaient entr'eux, que les bons dîners de la cour étaient un avant-goût des délices du ciel. — Quelle comparaison, pour des vicaires du Christ!

L'empereur fut acclamé comme l'envoyé de

Dieu, pour faire fleurir la sainte religion sur la terre ; et on vit nos prélats transportés d'allégresse, lorsque à la fin du concile, l'empereur les combla de présents, en calices d'or et d'argent, étoffes précieuses, et toute sorte d'ornements d'église, dignes du riche mobilier des temples païens.

Je vous le dis en vérité, nos évêques étaient déjà détournés, entraînés loin des saints pâturages de Jésus-Christ.

***

Depuis le concile de Nicée, l'Église des évêques a toujours marché unie aux puissances. Les rois et les empereurs ont toujours soutenu l'Église ; et de leur côté, les ministres du culte catholique ont toujours soutenu les rois et les empereurs contre les aspirations des peuples chrétiens. Dans la suite même, ce christianisme sublime qui avait coûté tant de dévouements et de sacrifices, ne conserva de sa morale et de sa doctrine, que le nom de son fondateur.

Rien ne fut changé dans les lois, dans les institutions, dans les mœurs impériales. Les empereurs continuèrent à tenir les peuples sous un joug de fer, et les patriciens continuèrent leurs rapines sur les nations,

A quoi donc, pouvaient songer les nobles romains, en se faisant chrétiens ? si ce n'est à endormir les peuples, au nom du Christ, dans le vieux berceau de l'antiquité païenne.

***

L'empire d'Orient, l'empire d'Occident, ne sont ni plus ni moins, l'un que l'autre. Les deux capitales, Rome et Constantinople, se prêtaient mutuellement leurs qualités, leurs vices et leurs débauches, ne paraissait avoir d'autre ambition que de rivaliser dans le crime et dans toute espèce d'iniquités.

L'empire romain s'est acquis dans l'histoire, une renommée de dépravation et de pourriture, de scélératesse et de férocité, qui reste au-dessus de toutes les langues humaines. C'est surtout depuis les empereurs qui se disaient chrétiens, que l'empire d'Orient et l'empire d'Occident, ont dépassé toutes les bornes du crime et de l'infâmie. Auguste César, Tibère, Néron, Caligula, Livie, Agrippine et Messaline, qui étaient païens, seraient de petits saints et de petites saintes, en comparaison des empereurs et des impératrices, des patriciens et des patriciennes, qui se disaient chrétiens.

Quelle influence avait donc le christianisme des évêques, sur la société ?

Salvien, prêtre du diocèse de Marseille, qui vivait dans le Vᵉ siècle, nous fait la plus affreuse peinture de son temps, et nous apprend que les patriciens grands propriétaires de domaines, achevaient de dépouiller les populations des morceaux de terre qui leur restaient dans les provinces, pendant que le fisc impérial dépouillait les villes et les campagnes par des impôts exorbitants, qui obligeaient les familles à vendre leur liberté, et à se mettre pour vivre, au rang des esclaves.

Jamais la misère et l'oppression, jamais les outrages à l'humanité ne furent plus terribles et plus révoltants, que depuis le christianisme officiel. L'empire était devenu un royaume infernal gouverné par des malfaiteurs chargés de dignités, décorés de titres de petite et de grande noblesse.

C'est Constantin le Grand, premier monarque chrétien, qui avait inventé cette hiérarchie de *nobles*, *très nobles*, *ducs* et *comtes d'empire*, qu'il n'avait certainement pas trouvée dans les préceptes de l'Evangile.

Mais pendant que le troupeau de Jésus-Christ, était abandonné aux loups dévorants, les évêques étaient florissants, gorgés de faveurs du prince, vivant dans des palais, habillés de soie, trainés en carrosse, dînant à la cour, recevant en outre les offrandes du pauvre et du riche, et ne prêchant plus qu'un christianisme de travers, dans l'intérêt des puissants de la terre.

Les prêtres chrétiens, associés de César, n'étaient plus que les auxiliaires de César.

MAITRE BARNABÉ

Ainsi fut anéantie cette doctrine chrétienne, qui devait être la régénération des hommes et le flambeau des nations.

MAITRE JACQUES

Saint Basile de Césarée, qui vécut et mourut en évêque apostolique, se plaint amèrement de voir les évêques devenus comme des chiens muets qui ne savent plus aboyer contre les malfaiteurs.

Les évêques avaient préférés les trésors du monde, aux trésors du paradis.

Si parmi les ministres du Christ, il en reste encore quelques-uns de fidèles aux doctrines du Rédempteur, les autres évêques, de concert avec les empereurs et les patriciens, leur font subir mille persécutions, et même le martyre. Témoin, saint Chrysostôme, archevêque de Constantinople, qui fut martyr de sa justice chrétienne, et de ses sympathies pour ses paroissiens, au commencement du V° siècle.

L'empereur Arcade, l'impératrice, toute la cour et tous les évêques des environs, coalisés, conspirent contre le saint archevêque, qui fut en butte à leurs outrages et à leurs fureurs pendant plusieurs années. Enlevé une première fois de son diocèse et banni ; rendu à son troupeau, il fut enfin, arraché de son siége pour toujours, et transporté aux confins de l'empire d'Orient; mais il mourut en chemin des mauvais traitements qu'il eût à subir de ses bourreaux. (407.)

***

En entrant ici, dans le cinquième siècle de l'ère chrétienne, notre vue s'arrête épouvantée devant la grande catastrophe de cette époque fatale. L'empire romain va être englouti dans la grande invasion des barbares qui fondèrent les nations modernes. Suprême calamité, qui s'ajoute à toutes les calamités du monde romain !

NEUVIÈME CONFÉRENCE

Les Héros Modernes

MAITRE JACQUES

C'est en 476, que Rome tomba au pouvoir d'Odoacre, roi des Hérules, qui y régna dix-sept ans avec le titre de roi d'Italie.

Les provinces de l'empire d'Occident étaient occupées par d'autres barbares, dont les avalanches avaient commencé dans les premières années du Ve siècle, en 406, par l'invasion des Gaules.

Un siècle durant, ces diverses tribus de barbares, se disputèrent cette grande proie qu'on appelait l'empire romain, avant d'en être les paisibles possesseurs, avant d'occuper définitivement les parcelles que la conquête devait leur assurer.

Attila disparut en 453 avec ses Huns sauvages chassés des Gaules par les Romains et les Goths réunis.

Les Vandales qui avaient traversé comme un torrent, les Gaules et l'Espagne, étaient allés se cantonner en Afrique en 428 ; ils y furent exterminés un siècle plus tard par le général Bélisaire au nom de l'empereur de Constantinople. (534.)

Les Alains, dont une fraction avait suivi les Vandales, se perdirent dans le gouffre des invasions, et ne sont restés dans les annales du siècle, que comme des vautours dévorants, qui ne font que passer.

Les Bourguignons restèrent campés au levant des Gaules, et en Suisse, avec Genève pour capitale.

Les Francs qui n'avaient que le nord de notre territoire, furent plus tard les maîtres de toute la Gaule, après en avoir expulsé les Goths, et vaincu les Bourguignons.

Les Visigoths dominèrent en Espagne ; et les Suèves au Portugal.

Les Ostrogoths s'emparèrent de l'Italie, après en avoir chassé les Hérules, en 493.

Les Anglo-Saxons se saisirent de la Grande-Bretagne, et y restèrent les dominateurs jusqu'à l'invasion des Normands.

***

Ces avalanches formidables écrasèrent la moitié de la population de l'empire. De 120 millions d'âmes, il n'en resta que 60 millions ; l'autre moitié avait succombé sous le fer des barbares, dans l'incendie des villes et des campagnes par la famine, et par la peste enfantée par tant de cadavres sans sépulture.

Qui nous dira les lamentations et les désastres de cette catastrophe sans nom, qui comme un océan de flammes s'étendit dans toutes les nations, dévorant tout sur son passage infernal !

Les populations sans armes, ne songèrent pas même, à s'organiser ; et elles se disaient peut-être que les Barbares sauvages qui leur venaient de l'étranger, pourraient bien être moins cruels que les Barbares policés qui les gouvernaient au nom de César.

Incontestablement, cette haine universelle contre l'empire, facilita le triomphe des invasions. Les peuples avaient été si démoralisés, si dégradés par les patriciens et par les empereurs romains, qu'il n'y avait plus aucune vie morale parmi les hommes. La tyrannie et la souffrance les avaient rendus insensibles au sort même de leurs familles, insensibles au destin de la patrie.

Les populations survivantes payèrent cher leur dégradation, elles payèrent cher l'espérance d'avoir un nouveau maître moins cruel que les patriciens romains. Car avec le règne des Barbares, la dégradation de l'humanité fut accomplie. Toutes les misères, toutes les ignominies, tous les tourments, que peut inventer la race de Caïn, furent réunis sur les peuples soumis au sceptre des rois modernes, héritiers par tronçons du trône des Césars.

Le crépuscule qu'avait encore laissé poindre le gouvernement romain, disparaît; et la nuit sombre envahit la terre; une nuit noire, lugubre, infernale, sans lueur, sans étoile, sans Orient.

L'Occident était fermé sans espoir; l'ancien monde couché sanglant dans la tombe, ne pouvait plus rien pour les vivants; les écoles étaient anéanties; et les livres des anciens ne pouvaient plus parler aux générations présentes pour les générations de l'avenir.

Il n'y avait plus qu'à vivre en brute, pour les vainqueurs et pour les vaincus.

Cette moitié du genre humain qui avait survécu au naufrage, resta longtemps folle de terreur; les femmes veuves, les enfants, les vieillards, dans les demeures solitaires et ruinées, croyaient toujours entendre les hurlements sinistres des compagnons d'Alaric et d'Attila, revenant pour achever le carnage du monde sur les derniers survivants.

C'est ainsi que le destin châtie les peuples qui s'abandonnent aux gouvernements des patriciens et des empereurs. Mais si les peuples incultes et violentés, méritent encore nos larmes et notre pitié, les puissants qui subissent la même infortune, n'ont droit qu'à notre indignation, parce qu'ils sont l'origine et la cause de tous les fléaux qui ont tourmenté la terre.

***

MAITRE BARNABÉ

Dites-nous, Maître Jacques, quelle contenance fut celle du clergé catholique, dans cette tourmente qui engloutit tant d'existences et tant de victimes, dans un silence éternel ? que firent les évêques quand 60 millions de morts furent enterrés, et que les cendres de l'incendie furent un peu refroidies ?

MAITRE JACQUES

Bien des prêtres avaient essuyé le sort de leurs paroissiens, massacrés dans la furie du carnage. Les églises et les sanctuaires furent pillés, et servirent d'étables à la cavalerie des Barbares.

Mais vers la fin du Ve siècle, quand l'orage fut

un peu calmé, quand les nations nouvelles commencèrent à s'organiser, les évêques ne tardèrent pas à pactiser avec les rois barbares, comme ils avaient pactisé avec les empereurs romains. On fit la paix entre puissants; les ecclésiastiques et les barbares firent alliance; mariage d'inclination et d'intérêts.

Les rois modernes et leurs patriciens, eurent bientôt compris que le clergé serait le meilleur instrument de leur domination; de son côté, le clergé savait bien qu'il lui fallait l'appui du bras séculier, pour régner sur les hommes en sens contraire de la parole de Jésus-Christ.

Jésus et les apôtres avaient propagé la doctrine chrétienne, par la persuasion et par l'exemple; le christianisme de justice et de vérité. Mais quand on eût inventé un faux christianisme dans les conseils des empereurs romains on n'avait plus à suivre qu'une seule voie, la force brutale, pour faire entrer le christianisme perverti dans l'esprit des peuples.

Clovis qui se fit baptiser vers la fin du Ve siècle, et sacrer à Reims par l'évêque Saint-Rémi, fut appelé le fils aîné de l'Eglise; digne chrétien, en vérité, dont la mémoire reste chargée de crimes. Pour achever sa conquête, et rester le seul roi des Gaules, il n'avait trouvé rien de mieux, que dé faire assassiner vingt petits princes, ses parents et ses alliés dans la guerre, qui étaient souverains comme lui, et qui avaient conservé dans les Gaules des villes et des provinces indépendantes du gouvernement de Clovis.

Telles sont les belles œuvres de ce bon chrétien, fils aîné de l'Eglise.

Mais les moines et les évêques gagnèrent d'immenses richesses dans leur alliance avec les rois modernes, qui ne demandaient en retour que d'être présentés aux populations comme les envoyés de Dieu pour gouverner les nations romaines. L'Eglise en effet, fit croire aux peuples, que tous ces rois barbares, étaient des monarques de droit divin.

***

Clovis est le plus illustre des héros barbares, avec Alaric roi des Goths, et Genseric roi des Vandales, trois héros dignes de mémoire par leur férocité, dignes de la renommée d'Attila.

Chateaubriand, qui retrace à grands traits les œuvres, les mœurs et les instincts féroces de tous les barbares qui envahirent l'empire romain, ajoute ces lignes trop véridiques :

« Quant aux Francs, il me semble qu'il n'en « faut faire ni un peuple civilisé, ni un peuple

« sauvage ; et qu'il faut lui laisser surtout sa « perfidie, sa légèreté, sa cruauté, sa fureur mi- « litaire, attestées par les auteurs contempo- « rains. Vopiscus et Procope accusent les Francs « de se faire un jeu de violer leur foi ; et Salvien « leur reproche le peu d'importance qu'ils atta- « chent au parjure : « Les Francs, dit Nazaire, « surpassent toutes les nations barbares en féro- « cité. » (Etudes historiques.)

C'est cette peuplade qui a dominé sur la France, qui y a fondé son trône et ses dynasties. Son histoire postérieure n'affirme que trop la justesse d'appréciation et le jugement des auteurs anciens, sur les mœurs originales des nobles Francs, qui surpassent les Vandales de Genseric, et les Huns d'Attila.

***

Clovis, qui mourut l'an 511, fut donc le fondateur de la monarchie française, par la violence et par l'assassinat de ses concurrents. Les rois de sa race furent dignes de leur auteur.

Ses deux fils, Clotaire et Childebert, assassinent de concert, les deux enfants de leur frère Clodomir. De sa propre main royale, le tigre Clotaire égorge ses deux neveux de huit à dix ans, pour s'emparer de leur héritage. (533)

C'était l'usage que les Etats du roi défunt, fussent partagés entre tous les descendants ; mais c'était aussi l'usage qu'après le partage, la guerre civile commença aussitôt entre les héritiers pour se dépouiller mutuellement. Le plus hardi provocateur ne faisait que devancer les préparatifs de son co-héritier.

Vers la fin du VIe siècle, et au commencement du VIIe, le royaume des Francs était divisé en deux grandes parts : l'Austrasie, capitale Metz, qui avait à sa tête la reine Brunehaut ; et la Neustrie, capitale Paris, avec la reine Frédégonde et ses enfants ; deux furies qui remplissent les deux royaumes de meurtres, de carnage et d'orgies. La guerre civile était en permanence dans les deux Etats Mérovingiens, qui versèrent des torrents de sang et des torrents de barbarie sur le monde épouvanté.

Entr'autres crimes, Frédégonde avait assassiné deux rois, et fait tuer l'archevêque de Rouen, Prétextat, pendant les vêpres, au milieu de ses paroissiens.

Brunehaut avait peut-être commis plus de crimes que sa rivale ; mais à la fin, trahie par les seigneurs Austrasiens, elle fut livrée à Clotaire II, fils de Frédégonde, qui la fit attacher à la queue d'un cheval indompté lancé à travers champs, où la vieille reine fut accrochée par lambeaux à tous les buissons. (613)

Les barbares se dévoraient entre'eux.

Après Dagobert qui étale une grande magnificence avec l'argent des impôts exorbitants, sous lesquels le peuple gémissait, les héros sanglants de cette race féroce, disparaissent, et font place aux rois fainéants et imbéciles que gouvernent les maires du palais

Le dernier roi de la race de Clovis, mourut en prison, où le retenait Pépin le Bref, père de Charlemagne.

Je m'empresse de sortir de cette caverne royale qui avait régné 300 ans environ, jusqu'en 752. 300 ans de brigandage entre patriciens ; 300 ans de brigandage patricien sur le peuple.

On est heureux de quitter cette dynastie de Clovis, cette cohue de rois, de reines, de princes et de seigneurs, dans laquelle un historien impartial ne peut trouver qu'une race de Caïn et de Cacus.

DIXIÈME CONFÉRENCE

—

Suite des Héros Modernes

—

Seconde race de France de 752 à 987

—

MAITRE BARNABÉ

Mes amis, on va continuer nos conférences; continuez à boire votre petit vin clairet, mais faites silence; vous voyez que Maître Jacques est déjà monté sur la chaire de vérité.

MAITRE JACQUES

Nous allons un peu remuer les brassards poudreux et les cuirasses rouillées des vieux rois carlovingiens, qui dorment dans la tombe depuis plus de mille ans. Ils ont usurpé le trône, ils ont régné en tyrans; mais leur règne despotique fut une espèce de bienfait pour le peuple, qui se reposa un peu des meurtrissures diaboliques, des persécutions enragées que la nation avait subies sous la dynastie de Clovis.

Charles Martel, son fils Pépin le Bref, et son petit-fils Charlemagne, sont les trois héros de notre seconde race royale de France, grands batailleurs, conquérants et législateurs.

Charles Martel, qui n'a été que maire du palais ou premier ministre des derniers Mérovingiens, doit néanmoins être considéré comme un grand monarque, puisqu'il était maître absolu sous le nom des derniers rois. La célèbre victoire de Poitiers en 732 sur les Sarrassins, le rendit illustre dans toute l'Europe. Trois cent mille Mulsumans venus de l'Espagne dont ils s'étaient rendus les maîtres, restèrent sur le champ de bataille; et la France fut sauvée de ces nouveaux conquérants, qui propagèrent par les armes la religion et les miracles du prophète Mahomet.

Charles Martel fut aussi un flambant à l'intérieur, contre le clergé catholique qui avait accaparré déjà au moins la moitié des biens du royaume. Le maire Martel, qui n'était pas bien dévot, dépouilla carrément les églises de leurs terres immenses, et en forma des fiefs pour les officiers de son armée. C'est pour cela que les évêques ont placé Charles Martel au beau milieu des enfers ; et on pense qu'il y est, encore, si le diable a voulu garder un pareil mécréant, à la meilleure place de son royaume.

*
* *

Pépin le Bref qui commence son règne en 752, fut aussi un héros de plusieurs guerres glorieuses, qui joignit à la couronne de France toute l'Aquitaine, petit royaume qui s'étendait sur le rivages de l'océan depuis la Bretagne jusqu'à Bordeaux, et qui se trouvait encore entre les mains d'un descendant de Clovis.

Dès le commencement de son règne Pépin avait été sacré par le pape Etienne II, qui était venu en France pour demander du secours contre les Lombards. Les Lombards, allemands d'origine, fixés d'abord dans la Hongrie, étaient venus s'emparer de l'Italie dans le VIe siècle, et menaçaient le pape lui-même dans son sanctuaire de Latran.

Le pape, après une foule de prières et d'anathèmes inutiles contre les Lombards, ne sachant plus à quel saint se recommander, s'adressa personnellement au roi de France, qui était plus puissant que tous les anges du paradis, et qui s'empressa de traverser les Alpes; Pepin battit Astolphe roi des Lombards, et lui prit quelques provinces dont il fit présent au Saint-Père. Ce qui fut le principe du trône temporel des pontifes catholiques. (755)

Mais les Lombards ne se sentant pas assez battus, et ne tenant aucun compte de la victoire de Pépin, Charlemagne vint plus tard assiéger les Lombards dans Pavie leur capitale. Leur roi Didier se rendit à discrétion, et fut enfermé dans un monastère à perpétuité. (773)

Charlemagne se proclama lui-même, roi des Lombards, et confirma au profit du pape la donation d'une vingtaine de villes, faite par son père, en se réservant la souveraineté sur les territoires donnés en jouissance à Sa Sainteté. Si plus tard, les papes se sont rendus maîtres absolus et indépendants de la France, c'est par suite d'une sainte usurpation, accomplie sans doute avec la permission du bon Dieu.

***

Charlemagne fit bien d'autres conquêtes que l'Italie ; et on lui compte plus de cinquante campagne dans son règne de quarante-six ans. Il vainquit les Saxons après une longue guerre interrompue, qui commencée en 772 ne se termina qu'en 804. Il conquit une partie de l'Espagne jusqu'aux rives de l'Ebre, la Bavière et toute l'Allemagne jusqu'aux rives de l'Oder et de la Theirs.

En outre des vastes territoires annexés à son empire, il rendit tributaires divers peuples qui se trouvaient enclavés entre l'Allemagne et la Russie.

Comme on le pense bien, Charlemagne ne fut pas toujours gracieux envers les vaincus; il commit surtout des œuvres d'atroce barbarie contre les Saxons qui s'étaient plusieurs fois levés pour reconquérir leur indépendance contre sa domination. Il en fit égorger six mille dans une seule fournée; puis encore d'autres massacres; puis il en fit transporter en Suisse et en Belgique une bonne partie. Les tristes débris de cette noble population, restés au foyer paternel, se soumirent alors et se firent chrétiens. C'est le christianisme surtout que les Saxons avaient en horreur, plus encore que la domination impériale. Il est probable que la religion chrétienne aurait excité moins de répugnance, si elle avait été ce qu'elle était à son origine apostolique; mais le christianisme des évêques de ce temps, n'était plus le christianisme de Jésus-Christ.

Rendons hommage, en passant, à l'héroïsme

de la Saxe, qui pendant trente ans a bravé la puissance de Charlemagne pour sa liberté. La postérité doit les honneurs du premier rang à tous les hommes qui ont combattu pour l'indépendance de l'humanité. Si tous les peuples étaient capables d'un élan de patriotisme et de sacrifice comme les Saxons, il y a longtemps que l'ardeur des conquêtes ne serait plus un fléau dans la vie des nations. Il n'y aurait plus de conquérants, faute de nations à conquérir.

***

Charlemagne était cependant le monarque le plus civilisé de son siècle; jugez-donc, par sa conduite atroce envers les Saxons, ce que devaient être les autres batailleurs avant lui.

Les armes d'un peuple civilisé, laissent, dit-on, des germes qui prospèrent plus tard parmi les peuples vaincus. Mais la conquête laisse aussi, en outre du carnage, en outre des dévastations, la conquête laisse des germes de haine et de discorde séculaires, sous lesquelles les éléments de civilisation restent enfouis, sans pouvoir faire oublier leur sanglante origine.

Nous prenons en témoignage, l'œuvre d'Alexandre le Grand, l'œuvre des Romains, l'œuvre de Charlemagne, l'œuvre de Napoléon.

Quelle civilisation a surgi de leurs fameuses conquêtes? — Il n'en est sorti que la tyrannie pour les peuples vaincus, et pour les peuples vainqueurs.

***

Charlemagne mérite cependant des louanges dans son gouvernement intérieur, si on veut bien ne pas oublier qu'il vécut dans des siècles de ténèbres, de mœurs brutales et de férocité, après les générations mérovingiennes, les plus cruelles et les plus barbares de toutes les races humaines.

Avec Charlemagne, les mœurs se sont transformées; et on semble dans un monde nouveau. Sans doute, le gouvernement était despotique et absolu, malgré quelques assemblées nationales de nobles et d'évêques, flanqués de quelques bourgeois qu'y introduisit Charlemagne; mais ce despotisme était une muselière pour la noblesse qui ne pouvait plus opprimer le peuple comme du temps des mérovingiens. On sent dans le règne de Charlemagne, l'instinct qui le pousse à se faire aimer des populations gauloises terrassées par la conquête francque. Tout en voulant rester le maître, son désir était d'améliorer le sort des sujets soumis à son sceptre impérial.

Il avait décrété une bonne institution, en créant des inspecteurs généraux, appelés ***missi*** *dominici*, envoyés du Maître, qui étaient chargés de visiter tous les trois mois toutes les provinces de leur ressort, pour donner la direction et le mouvement, rendre la justice, et faire rentrer dans le droit chemin les seigneurs et les fonctionnaires publics qui auraient pu s'en écarter.

***

Depuis le gouvernement des Barbares qui avaient fermé toutes les écoles, Charlemagne fut le premier restaurateur des études. Il avait fondé une école universelle dans son palais d'Aix-la-Chapelle, et une académie dont il était le président, appelant auprès de lui tous les savants qu'il put découvrir en Europe; pour le seconder dans son travail de restauration du monde, par les sciences et par les lettres que la barbarie avait anéanties.

Ordre fut donné aussi aux évêques, de créer des écoles dans leurs diocèses et dans les monastères. Mais les prélats et les abbés, qui ne songeaient d'ailleurs qu'à s'enrichir, se seraient bien gardés de remplir sérieusement les prescriptions du monarque, dans la crainte de faire la lumière dans les esprits.

La nuit des siècles était encore trop profonde, pour que les ténèbres pussent être déjà dissipés Et lorsque Charlemagne mourut en janvier. 814, toutes ses institutions ne devaient pas tarder à s'écrouler, en même temps que l'empire qu'il avait fondé.

MAITRE BARNABÉ

C'est sans doute à sa sollicitude protectrice du pauvre contre les seigneurs, et à son titre de restaurateur des lettres, que Charlemagne doit son reste de popularité. Son nom est encore en mémoire dans les chaumières, et son image décore encore la maison du peuple.

ONZIÈME CONFÉRENCE

—

Suite des Héros Modernes

—

MAITRE JACQUES

A la mort du bon empereur Louis, fils de Charlemagne, tous les éléments des cataclysmes de la terre, parurent ensemble déchaînés sur notre continent.

— Guerres civiles furieuses, entre les quatre enfants du monarque défunt. (841)

— Invasions multipliées des Normands qui ravagent la moitié de la France, et s'avancèrent jusque sous les murs de Paris pour piller les couvents et les églises.

— Guerres de brigandage entre nobles châtelains.

— Brigandage des gentilshommes sur les populations et sur les grands chemins.

— Révolte des seigneurs contre la monarchie.

— Fondation du régime féodal.

— Pestes, famines, misère éternelle du peuple.

— Miracles, pèlerinages, dîmes, grand commerce de reliques.

Tous les fléaux étaient réunis sur l'empire de Charlemagne.

Laissez-moi vous donner lecture, mes amis, d'une page de l'histoire ecclésiastique de Racine le théologien, qui vous montrera la jolie société que les gentils chevaliers de la noblesse faisaient à nos malheureux ancêtres.

« Le roi Charles le Chauve, qui voyait sans « cesse la France attaquée par les Barbares, « était hors d'état de leur résister. Il n'avait « presque plus d'autorité. Les comtes et les « autres seigneurs commençaient à vivre en « souverains ; le royaume était plein de violen- « ces et de brigandages.

« Pour y remédier, Charles assembla à Querzy « les évêques et les seigneurs ; et fit faire un « recueil des passages de l'Ecriture et des ca- « nons, pour montrer combien sont criminels « ceux qui prennent par violence le bien d'au- « trui.

« Mais des avertissement et des exhortations « étaient de faibles moyens pour réduire des

« seigneurs qui avaient les armes à la main. « Aussi n'eurent-ils aucun effet, et les désordres « ne firent que croître toujours. Pour aller d'une « province dans une autre, il fallait attendre « qu'il se trouva une nombreuse compagnie de « voyageurs; et encore fallait-il s'attendre à « être attaqué et à combattre. » (Edition d'Utrecht, 1749.)

On voit par là, que nos héros patriciens surpassaient déjà les héros des siècles homériques, et qu'ils étaient dignes des Antées, des Cacus, des Périphètes et des Cercyon, dont Hercule et Thésée purgèrent la Grèce. Il aurait fallu en France au moins dix Hercules dans chaque province, pour les purger des monstres qui les infestaient; et autant pour l'Espagne, l'Allemagne et l'Italie.

*
* *

Pendant cet affreux désordre, Charles le Chauve qui était incapable de gouverner la France, ne songeait à rien moins qu'à s'emparer de tout l'empire de son aïeul. Son frère Lothaire et ses deux enfants étant morts, Charles se saisit aussitôt de la Lorraine et de l'Italie, et se fait couronner roi et empereur par le pape (875). Son autre frère, Louis le Germanique, roi de

Bavière, mourut aussi l'année suivante; Charles le Chauve rêve encore de prendre ce nouveau royaume au détriment de ses neveux, lorsqu'il mourut lui-même, peu après avoir donné son fameux capitulaire de 877, qui a été la fondation inconsciente de la féodalité.

Ce capitulaire, qui était destiné à conquérir les sympathies de la noblesse pour l'intéresser aux aventures et à la fortune du monarque, accorde aux seigneurs la pleine propriété de leurs fiefs, dont ils n'avaient que la jouissance, et qui appartenaient à l'Etat. Cet édit rend héréditaires dans la famille des seigneurs non-seulement les terres et les châteaux du domaine national, mais aussi les titres, fonctions et dignités qui y étaient attachés.

Si on veut bien comprendre la portée immense de cette loi, il faut se rappeler qu'à l'origine de la monarchie française, le territoire avait été divisé en trois classes de propriété.

1° Les bénéfices ou fiefs, qui étaient du domaine de l'Etat, et que le roi donnait en jouissance à ses officiers et à ses favoris de la cour.

2° Les terres d'alleu ou franc-alleu, qui étaient la propriété particulière des Leudes, espèce de seigneurs champêtres, qui vivaient dans leurs manoirs. Ces domaines, francs d'impôt, ne devaient que le service militaire, à l'appel du roi.

3° Les terres d'Ahriman appartenaient aux roturiers ou petits bourgeois, qui avaient survécu à la conquête. Mais ces terres furent chargées de tant d'impôts, de taxes et de vexations, qu'elles disparurent complètement. Le propriétaire s'était vu contraint d'en faire cadeau à son seigneur, pour être débarrassé de ses avanies.

Or, les terres d'alleu ayant été dans la suite, converties en fief, pour le plus grand avantage du seigneur, il advint que tout le territoire ne fut plus qu'une agglomération de grands et de petits fiefs appartenant à l'Etat, que le roi distribuait en usufruit à ses meilleurs amis et serviteurs.

*
* *

Charles le Chauve crut par cette immense libéralité qui dépouillait la nation, s'assurer les bonnes grâces des seigneurs, il n'avait fait que les rendre plus intraitables; parce qu'ils n'eurent plus rien à craindre ni à espérer du roi, ni fonctions ni propriétés. Le monarque n'avait fait que préparer l'avénement du régime féodal.

Les gentilshommes furent plus que jamais enhardis dans leurs habitudes d'indépendance, et continuèrent à se livrer à tous les brigandages de leur nature sauvage. Ils allaient par bande détrousser les voyageurs et les marchands, piller les fermes et voler dans les champs les bœufs et les vaches des cultivateurs, comme Cacus.

Les gouverneurs des villes et des provinces, ne pactisaient point avec ces nobles bandits, mais ils étaient impuissants à les réprimer; de manière que l'impunité était assurée à ces grands larrons qui pillaient même les terres des autres seigneurs. Les chroniques locales racontent comme des miracles, les châtiments que la justice parvenait par hasard, à infliger à cette espèce de chenapans. C'est ainsi qu'on a conservé la mémoire d'une troupe de dix gentilshommes qui ayant volé une paire de bœufs à un cultivateur, furent poursuivis par un comte de Flandre qui les fit tous pendre l'un par l'autre, sauf le dernier qui fut obligé de se pendre lui-même.

***

Ce noble brigandage était devenu si commun et si universel dans toute la chrétienté, et les malfaiteurs si audacieux et si puissants, que l'Eglise se crut obligée d'intervenir pour imposer des règlements aux crimes et aux criminels, en les autorisant à certains jours de la semaine.

Un concile de Limoges de l'an 1031, défend de commettre aucun crime ni aucune vengeance, le jeudi, le vendredi et le samedi. C'est ce règlement, confirmé dans d'autres conciles, qui s'appelle *La Trève de Dieu* ; et qu'on aurait dû intituler : *Trève du diable.*

Les évêques de Limoges ajoutent que l'Eglise fera la guerre à ceux qui enfreindraient cette ordonnance, et qu'on irait ravager leurs châteaux et leurs domaines.

Trois jours défendus, et trois jours permis aux criminels, aux meurtriers, aux larrons de toute espèce ! — Dans qu'elle législation a-t-on jamais vu une pareille monstruosité, qui permet tous les crimes, le lundi, le mardi et le mercredi de chaque semaine ? Quelle dégradation dans l'esprit de ces générations perverses du moyen-âge !

C'est dans ce gouffre qu'est tombée la société chrétienne, après mille ans de prédication catholique. Mais si les papes et les évêques avaient eux-mêmes pratiqué les vertus évangéliques, vos paroissiens auraient été convertis et non pervertis, par votre exemple. C'est donc l'Eglise qui est la cause de la perversion universelle, ainsi que le disait le grand évêque de Lincoln.

Sans doute, les évêques détraqués de Limoges,

crurent ainsi procurer quelques jours de repos à des peuples qui vivaient dans une épouvante perpétuelle ; mais au fond, c'était l'autorisation légale de tous les crimes avec l'assurance de l'impunité. Ce n'est point à la société, c'est aux grands coupables, que furent assurés tout repos et toute garantie contre un juste châtiment.

MAITRE BARNABÉ

Il faut que nos évêques Limousins fussent bien dénués des secours du Saint-Esprit, pour faire un pareil règlement, qui prouve bien qu'ils avaient perdu le chemin des apôtres, perdu les clefs de l'Evangile, perdu la justice du Ciel.

DOUZIÈME CONFÉRENCE

—

Suite des Héros Modernes

—

Troisième race Royale de France

—

MAITRE JACQUES

Hugues Capet, simple seigneur de Paris, monta sur le trône de France vers la fin du Xe siècle. (987.)

Depuis longtemps, les aïeux de ce nouveau prince, avaient travaillé à remplacer la seconde race, qu'ils avaient privée de toute puissance effective. On lui enleva même la forteresse de Laon, la seule place qui restait aux derniers rois. Hugues Capet fit lui-même la guerre au prince Charles de Lorraine, dernier rejeton de Charlemagne, qui fut saisi par surprise, et jeté dans une prison d'Orléans où il mourut bientôt mystérieusement.

Un archevêque de Reims, nommé Adalberon, qui avait été ministre des rois Lothaire et Louis V, tous les deux morts empoisonnés, fut aussi ministre de Hugues Capet, et montra ainsi sa complicité dans toutes les machinations qui avaient amené l'extinction de la seconde race.

C'est ce monarque, qu'on dit le fondateur d'une dynastie légitime, ce roi qui avait usurpé le trône sur les princes carlovingiens, et sur le peuple qui est le seul souverain, le seul ayant droit de faire et de défaire son gouvernement.

Hugues Capet n'était pas même l'élu de ses pairs, les autres grands seigneurs féodaux, qui ne voulurent pas le reconnaître, et auxquels ses successeurs durent faire la guerre pendant des siècles, pour les subjuguer.

Le roi de Paris n'était donc qu'un usurpateur, puisqu'il n'était ni le roi des seigneurs, ni le roi de la nation.

***

On ne peut à ce propos, s'empêcher de considérer avec amertume, la fatalité qui a présidé à l'origine des quatre dynasties qui ont régné sur la France.

Clovis devient seul maître du trône, par l'assinat de vingt petits rois, qui étaient ses parents et ses alliés.

Charles Martel prépara l'avénement de la seconde race, et Pépin le Bref, père de Charlemagne, jette et laisse mourir dans le monastère de Saint-Omer, Childéric III, le dernier descendant de Clovis.

Hugues Capet, chef de la troisième race, en fait autant pour le prince Charles, dernier fils de la race de Charlemagne.

Napoleon Ier, fondateur d'une quatrième race monarchique, usurpe le trône en expulsant les représentants du peuple, du sanctuaire des lois, à coups de baïonnettes.

Napoléon III, en 1851, fait pis que son oncle; il arrête les députés, fusille, massacre, transporte le peuple, pour préparer son avénement au pouvoir impérial.

C'est ainsi que nos quatre dynasties arrivent au trône, par le crime, l'assassinat et l'usurpation.

Plus tristement encore, cette fatalité d'origine s'est prolongée pendant toute l'existence de nos races monarchiques.

Dans le crime une fois, il suffit qu'on débute;
Une chute toujours, entraîne une autre chute.

*
* *

Sous cette race Capétienne, la France vit se multiplier une foule de petits souverains, grands seigneurs qui régnèrent sur les petits seigneurs de leurs provinces, de même que les petits seigneurs de village régnèrent sur les vassaux et sur les esclaves de la glèbe.

Nous eûmes alors, de trente à quarante rois, qui se faisaient la guerre entr'eux, en même temps que la guerre se faisait entre petits châtelains de campagne. Jugez du sort des populations sans cesse ballotées dans ce régime infernal ou féodal.

Sans compter que les gentilshommes s'élançaient de temps à autre, de leur repaire, armés de pied en cap, en corsaires et en brigands, pour dévaliser les pauvres gens, et même les châteaux ennemis, le lundi, le mardi et le mercredi de la semaine, ainsi que le leur permettait *La Trève de Dieu* des évêques Limousins.

*
* *

Les Croisades

Le grand mouvement qui agita l'Europe vers la fin du onzième siècle, pour aller conquérir le tombeau de Jésus-Christ, vint faire une heureuse diversion aux tourments intérieurs.

Les seigneurs partirent presque tous pour l'une ou l'autre des huit croisades qui furent prêchées par les ordres des papes de 1096 à 1270; leur absence laissa un pêu de repos à leurs sujets opprimés.

Des bandes du peuple allèrent aussi aux croisades; ceux-ci en fanatiques pour la folie de la croix, comme les seigneurs et les nobles y allaient pour attraper en Orient, des couronnes, des domaines et des châteaux, que les musulmans s'obstinèrent à ne pas leur abandonner.

Jérusalem fut prise en 1099, et Godefroy de Bouillon en fut proclamé roi. Mais cette première croisade coûta cher aux chrétiens; de six cent mille hommes qui étaient partis des diverses nations de l'Europe, il n'en resta que vingt-cinq mille pour entrer dans Jérusalem. Les autres avaient péri en chemin, ou par la faim, ou par le glaive des Sarrasins.

Jérusalem fut reprise par les Mahométants en 1187; et finalement toutes ces croisades qui avaient duré près de deux cents ans ne produisirent aucun autre fruit que la perte de quatre millions de chrétiens, français, allemands, italiens, belges, espagnols et anglais, morts de misère sous les murs de Jérusalem ou dans les autres parages de l'Orient. Saint Louis, roi de France, chef de la dernière croisade, mourut de la peste avec beaucoup d'autres, sous les murs de Tunis, en 1270.

De manière que le tombeau de Jésus-Christ est resté entre les mains des infidèles, malgré les prières et les bénédictions de l'église catholique. Ce triste résultat prouve que les papes de Rome n'ont pas grand crédit dans le ciel, puisqu'ils n'ont pu triompher des grands pontifes mulsumans.

***

Les seigneurs français, de retour des Croisades, ne manquèrent pas de vouloir réparer leur déconfiture Orientale, en dévalisant de nouveau les populations de l'Occident. Saint-Bernard dit que ces Messieurs, au retour de Jérusalem, firent à la France un mal et des ravages incroyables.

Le banditisme des nobles, surtout en France et en Italie, avait recommencé avec une nouvelle vigueur, et ne finit dans les Gaules, que lorsque les rois de France eurent repris un peu plus d'autorité sur les rois de village.

***

Pendant que le régime féodal prolongeait les charmes de ses rigueurs sur les provinces, les rois de France qui n'étaient pas encore très-puissants, accablaient leurs sujets de Paris et des environs, d'impôts, d'injustices et de vexations, aussi bien que les seigneurs féodaux. A l'occasion, sa Majesté parisienne faisait argent de la peau de quelque hérétique, que lui dénonçait la sainte inquisition, ou même le clergé des paroisses. Maintes fois, les rois de France, comme des voleurs de profession, dépouillèrent les juifs, qui furent à plusieurs reprises bannis du royaume, avec confiscation de tous leurs biens.

*
* *

Entre temps, pour se montrer dignes des autres féodaux, les grands seigneurs de Paris se livraient aussi à l'exercice de la guerre civile.

La plus violente de ces discordes intérieures, fut peut-être celle qui suivit la mort du duc d'Orléans frère de Charles VI, assassiné par le duc de Bourgogne son cousin germain (1405.)

Les deux factions princières, Armagnac d'Orléans et Bourgogne, chacune avec ses adhérents, se livrèrent des combats de bêtes-féroces, et inondèrent de sang, Paris et les provinces, pendant quinze ans, jusqu'au jour où le duc de

Bourgogne, ayant été assassiné à son tour, la faction dont il était le chef, se jeta dans le parti des Anglais contre la France (1419.)

Vraiment, l'ancien régime avait des charmes délicieux pour les peuples, qui avaient à subir les plus rudes épreuves au milieu de toutes ces discordes royales et féodales de leurs tyrans.

Cette guerre civile d'escarmouches et d'assassinats des deux factions, se passait justement au plus fort de la guerre avec les Anglais qui occupaient la France. Et cette défection du parti bourguignon, permit au roi d'Angleterre d'entrer dans Paris, et de s'y faire proclamer roi de France (1420.)

TREIZIÈME CONFÉRENCE

—

Jeanne d'Arc et Jacques Cœur

—

MAITRE JACQUES

Puisque nous avons parlé de la guerre de cent ans contre les anglais, nous ne saurions oublier les deux épisodes fameux qui en sont inséparables, et qui couvrent d'un opprobre éternel les deux ennemis, le gouvernement de la Grande Bretagne, et le gouvernement de la France.

Saluons d'abord avec amour, les deux grandes âmes qui sauvèrent notre patrie de la domination étrangère, Jeanne d'Arc et Jacques Cœur, qui furent les libérateurs du royaume ; Jeanne d'Arc par son héroïsme, Jacques Cœur par sa fortune mise au service du gouvernement. On verra par leur exemple, que les nobles vertus se conservent toujours quelque part parmi les plébéiens, lorsque déjà les grands de la terre, sont tombés en pleine pourriture, comme l'histoire nous le montre du roi Charles VII et de tous les seigneurs français, qui ne s'occupaient que de débauches, et ne cherchaient qu'à s'enrichir aux dépend du trésor public, et aux dépens du peuple.

JEANNE D'ARC

La France avait déjà perdu la bataille de Crécy en 1346 sous Philippe VI de Valois, — perdu la bataille de Poitiers sous le roi Jean, en 1356, — perdu la bataille d'Azincourt sous Charles VI, en 1415.

Charles VII, qui succèdait à ce dernier n'était guère en état de relever la France. Plongé dans la débauche, il laissa ses officiers combattre à leur guise les Anglais, qui battirent en toute rencontre les armées françaises.

C'est dans ce désarroi national, qu'une jeune fille de dix-sept ans, de Domremy en Lorraine, née en 1412, et qui avait toujours gardé les troupeaux de son père, Jeanne d'Arc, fut prise d'un enthousiasme patriotique, qu'elle fit partager au roi, aux seigneurs et à l'armée. Elle prend l'armure des chevaliers à la tête de nos bataillons, remporte divers combats, fait lever le siége d'Orléans, mène et fait sacrer le roi dans la ville de Reims, est encore une fois victorieuse dans une bataille, blessée sous les murs de Paris, et faite prisonnière à Compiègne (1430.)

Son rôle d'héroïne était fini; mais elle avait réveillé la nation de sa torpeur. Et la guerre fut continuée avec les millions de Jacques Cœur jusqu'à l'expulsion de l'étranger (1453.)

Après son héroïsme, son martyre. Car si on croyait du côté de la France, que Jeanne d'Arc était inspirée du Ciel, accompagnée de l'archange Michel avec son sabre flamboyant, on croyait aussi dans le camp des Anglais qu'elle était sorcière. On l'accusa de magie et d'hérésie, pour les terreurs qu'elle avait inspirées aux troupes britanniques.

Un tribunal de prêtres, l'évêque de Beauvais étant président, met à la torture cette sorcière de dix-neuf ans, qui fut condamnée au feu, et brûlée sur une place de Rouen, le 30 mai 1431, le mois des fleurs pour cette fleur qui s'était épanouie dans les bois, et qui venait se brûler dans les flammes bénies d'une sacristie.

Pendant quinze siècles, l'église du pape et des évêques, a brûlé les sorcières et les hérétiques, les philosophes et les savants, jusqu'au XVIIIe siècle, un peu avant la révolution française. C'est la révolution qui a dit à l'église : tu ne tueras plus, tu ne brûleras plus les enfants de la terre, qui sont tes frères devant Dieu.

Prêtres et pontifes, rendez grâce à cette sainte révolution, qui par les nouvelles mœurs qu'elle a faites dans le monde, vous empêche désormais, de martyriser de pauvres innocents.

JACQUES CŒUR

Son histoire est encore plus lamentable que celle de Jeanne d'Arc qui fut victime du fanatisme et de la haine des ennemis de sa patrie, tandis que Jacques Cœur fut victime des scélératesse d'un roi et d'une aristocratie qui pour reconnaître ses services et ses bienfaits, le payèrent de la plus noire des ingratitudes, sans analogie dans l'histoire.

Jacques Cœur, habile négociant de Bourges, s'était enrichi dans le commerce d'outre-mer, et avait été un restaurateur de la marine française tombée dans le néant depuis la fondation des nations modernes. Il était devenu si riche, qu'il put prêter des millions au roi Charles VII, et entretenir en outre quatre armées à ses frais, dans la guerre d'expulsion des Anglais qui occupèrent la moitié de la France pendant plus d'un siècle. Paris même fut en leur pouvoir pendant vingt-neuf ou trente ans.

Jacques Cœur était parvenu aux suprêmes honneurs ; argentier du roi, maître des monnaies, ambassadeur auprès du souverain pontife, honoré d'un triomphe à côté du roi, lorsque Charles VII fit son entrée dans la ville de Rouen après ses victoires sur les Anglais.

L'armateur de Bourges avait aussi prêté des sommes importantes à un grand nombre de seigneurs de la cour, évêques, maréchaux de France, chevaliers, ministres, et autres gens royaux qui lui en payaient les intérêts en compliments de renard, et hypocrites marques de sympathie.

Mais à la fin du compte, la jalousie et la méchanceté enfantèrent une odieuse conspiration contre sa personne et contre sa fortune. On l'accuse de crimes imaginaires, de conspiration contre le roi, d'empoisonnement, de commerce d'armes avec l'étranger, même d'un cadeau qu'il avait fait au roi d'Egypte.

On donne à Jacques Cœur des juges fripons pour le juger ; et les faux témoins ne manquent pas ; les seigneurs qui sont ses débiteurs, viennent sans rougir rendre de faux témoignages contre leur bienfaiteur, en agissant dans l'ombre pour le perdre. Le roi laisse faire, et se réjouit secrètement de la mésaventure de son créancier, comme un moyen de se libérer envers lui, de ses créances et de ses bienfaits.

Pendant que son affaire s'instruit, il ne peut voir ses enfants ; sa femme succombe de chagrin, et on lui refuse tout conseil, tout avocat pour l'aider à se justifier. Après une instruction secrète, Jacques Cœur est enfin condamné à une prison perpétuelle (1435.)

Les juges ont une part dans les richesses confisquées de Jacques Cœur ; plusieurs seigneurs en reçurent une portion pour les payer de leurs faux témoignages ; les débiteurs se trouvèrent libérés, y compris le roi Charles VII qui prit en outre cent mille écus dans la succession de son argentier condamné et confisqué. Le mieux partagé fut le comte de Dammartin de Chabannes, qui prit la seigneurie de Saint-Fargeau composée de vingt paroisses.

Jacques Cœur qui était né à Bourges en 1400, mourut dans l'île de Chio en 1461, la même année que mourut Charles VII, son roi ingrat, son voleur et son bourreau. Il était heureusement parvenu à s'évader de sa prison de Beaucaire, par le dévouement d'un vieux serviteur, nommé Jean de Village, resté fidèle à l'infortune de son maître.

Tous les historiens ont flétri cette grande

iniquité des héros patriciens; sans en être surpris. Rien ne peut surprendre de la part de cette tribu de barbares, qui a gouverné la France pendant quatorze siècles.

Si le roi Charles VII, ses juges et ses courtisans étaient encore en vie, tous ces nobles seigneurs pourraient nous dire, qu'ils se montrèrent dignes de leurs aïeux, dignes d'être les derniers chevaliers d'industrie du moyen-âge.

Tous ces héros, sortant du tombeau, nous diraient encore, qu'il était plus facile de dépouiller Jacques Cœur avec les apparences de la justice, que d'aller en pirates détrousser les marchands sur les grands chemins.

QUATORZIÈME CONFÉRENCE

—

Suite des Héros Modernes

—

MAITRE JACQUES

Louis XI qui régna de 1461 à 1483, fut le héros royal qui parvint à dompter les héros du régime féodal. Disputes d'ambition entre héros malfaisants, aussi cruels, aussi féroces qu'on peut l'être entre deux cavernes de larrons. Race royale et race patricienne, tous enfants du Tartare, exploiteurs de la France qui a été la proie séculaire et toujours renaissante de leur voracité, comme le Prométhée du mont Caucase délivré par Hercule le grand révolutionnaire de la Grèce.

Les grands vassaux de la couronne avaient formé la ligue du *bien public*, contre le roi qui parvint à la dissoudre, un peu par les armes, et beaucoup par artifice, pour faire avec les mêmes vassaux une alliance perfide, que le peuple appelait *la ligue du mal public.*

Louis XI fit alors la guerre à Charles le Téméraire, roi de Bourgogne, qui perdit la vie dans une bataille près de Nancy. (1477)

La plupart des autres tyrans de province, feudataires du roi de France, périrent sur l'échafaud, ou dans des cages de fer semblables à celles où l'on met les bêtes féroces.

La faction de Bourgogne et la faction d'Orléans-Armagñac, qui avaient causé une longue guerre civile sous Charles VI, furent toutes les deux anéanties par Louis XI, qui à force de supplices mit fin au régime féodal. Le comte d'Armagnac eût la tête tranchée par le bourreau ; et par un raffinement de cruauté, qui ne pouvait sortir que de la cervelle d'un roi comme Louis XI, le comte d'Armagnac put voir ses deux enfants placés sous l'échafaud, pour qu'ils fussent éclaboussés du sang de leur père.

Les vautours féodaux furent ainsi exterminés par le vautour royal qui resta seul maître de la France.

Comme ses prédécesseurs, Louis XI, favorisa la bourgeoisie, et l'industrie bourgeoise pour s'en faire un appui contre la noblesse qui restait redoutable dans ses manoirs à donjons et pont-levis, et qui murmurait sourdement contre l'usurpation de la puissance royale sur les droits féodaux.

Si Louis XI fut rude pour les grands seigneurs, il ne fut pas tendre pour le peuple de Paris, qui s'était permis une petite manifestation contre la surcharge d'impôts décrétée par sa Majesté dès le commencement de son règne. Le sombre monarque la réprima sans pitié par de terribles châtiments.

C'est sous Louis XI, que fut commencé le service de la poste aux lettres, pour les domaines et les affaires du roi (1464.) Mais ce n'est que plus tard, que cette création qui est dûe à l'Université de Paris, fut mise à la disposition du public. Cette institution n'a d'ailleurs été perfectionnée qu'après la révolution de 1830.

Ce roi cruel et barbare, qui fut souvent en révolte contre son père Charles VII, ce roi qui se disait l'ami de son compère Tristan, le bourreau, fut cependant le fondateur de l'unité française, en réunissant à la couronne les provinces divisées par le régime féodal.

***

Charles VIII et Louis XII vont guerroyer en Italie. Charles revient brédouille; et l'autre échoue également dans son entreprise sur Naples et sur Milan.

François Ier suit les traces de ses prédécesseurs, en allant disputer l'Italie à Charles-Quint, qui était roi d'Espagne, roi des Pays-Bas, empereur d'Allemagne, et empereur de l'Amérique. Charles-Quint voulut encore l'Italie, et il l'eut en gagnant la bataille de Pavie où François Ier fut fait prisonnier (1525.)

Si ces Messieurs couronnés avaient songé sérieusement à faire le bien de leurs peuples, ils ne seraient point allés faire le mal des autres nations. Mais l'ambition de passer pour un conquérant, éclipse l'ambition de passer pour un Sage. C'est l'éducation chevaleresque des princes qui prépare les larmes des peuples; et les rois batailleurs s'imaginent peut-être de bonne foi pouvoir cumuler les deux titres : la gloire des conquêtes, et la gloire de la sagesse.

***

Disons en passant, que Louis XII a été surnommé le père du peuple, et qu'il est considéré comme un bon roi pour avoir diminué de moitié les impôts. En se renfermant dans cette règle d'équité, le monarque empêchait ainsi le mal social de s'accroître dans sa floraison luxuriante; et il paraît un bienfaiteur, en cessant de faire le mal coutumier de ses aïeux.

Louis XII ne consentit jamais à rétablir les impôts supprimés, même pour payer les frais de ses guerres désastreuses. J'aime mieux, disait-il, voir les courtisans rire de mon avarice, que les peuples pleurer de mes dépenses.

En retranchant de son histoire, son expédition d'Italie, ce prince est le meilleur modèle des rois de France. Mais aucun n'a suivi ses traces, à l'exception d'Henri IV, qui, en diminuant les impôts, laissa une forte somme dans les caisses du trésor public.

Si tous nos rois avaient été des Louis XII et des Henri IV, la France n'aurait jamais fait de révolutions, et nous ne serions pas encore en République.

***

Depuis le règne de François Ier jusqu'au diable d'Henri IV, dans un espace de quatre-vingts ans, le royaume est rempli de troubles, de sang, et de désordres sans nombre, de guerres civiles et religieuses. Massacres de Vauclüse sous François Ier, massacres de la Saint-Barthélemy sous Charles IX, fureurs sanguinaires des ligueurs catholiques, dans Paris et dans tout le territoire fanatisé, assassinats d'Henri III et d'Henri IV, au nom de la religion de Jésus-Christ, qui n'était plus que la religion des jésuites et des capucins.

Prêtres séculiers, moines, jésuites, capucins ont fait couler des torrents de sang, des torrents de crimes, et des torrents de larmes, avec le concours des ambassadeurs du grand papa qui siége au Vatican.

Henri IV, par l'édit de Nantes de 1598, procura la liberté des cultes, après avoir procuré la paix par ses victoires et sa clémence. Son règne fut un bonheur pour le pays si longtemps désolé par l'intolérance de la cour pontificale et de ses nonces à Paris, qui soufflaient le feu de la discorde sanguinaire dans les esprits. En outre, la pratique simultanée de divers cultes, fit tomber le fanatisme des populations, qui comprirent enfin que Dieu fait lever son soleil et mûrir les moissons pour tous les hommes et pour tous les partis, quelle que soit leur religion.

***

C'est précisément pour le bien qu'il avait fait, qu'Henri IV essuya dix-neuf tentatives d'assassinats, de la part des jésuites et d'autres gens de sacristie.

C'est justement pour ses bonnes volontés, que le pape Sixte-Quint l'avait excommunié pendant ses guerres contre les ligueurs catholiques. Mais à son tour, Henri IV excommunia le pape, et fit afficher l'excommunication dans Rome même sur les portes du Vatican. — Un pape excommunié ! — Cette audace épouvanta le pontife et les cardinaux, qui comprirent que leur puissance était sur son déclin ; et que l'heure allait venir, où les foudres de l'Eglise ne seraient plus qu'une fumée de paille et de papier.

***

Le cardinal de Richelieu, ministre de Louis XIII, acheva la ruine de la féodalité; dès ce jour, l'esprit monarchique succéda finalement à l'esprit féodal.

Alors toute la noblesse de Province, un peu policée par l'étude des lettres classiques, vient se prosterner dans le palais somptueux de Louis XIV, pour faire des sonnets à Clhoris et aux maîtresses du roi. Les anciens chevaliers bardés de fer, tous ces paladins cuirassés, ont quitté l'armure d'Achille et de Bayard, et suspendu flamberge rouillée au plafond du manoir. Tous ces preux de Roland furieux et de la Jérusalem délivrée, tous ces fils de Croisés, deviennent des muscadins, des roués, des héros de boudoir, comme Louis XIV et Louis XV sont des héros d'alcôve.

*
* *

Le règne de Louis XIV fut en même temps un règne de héros batailleurs, qui furent d'illustres guerriers et de fameux conquérants. Turenne, Condé, Vendôme, Villars, Luxembourg, Catinat et Vauban, ont acquis dans l'histoire des pages dignes des consuls.

Nos héros font des conquêtes en Allemagne, et dans les Pays-Bas, et bataillent victorieusement en Espagne et en Italie. Mais à force de gagner des batailles, et de conquérir des provinces, Messieurs nos grands capitaines laissent envahir la France de Louis XIV par les Autrichiens et les Anglais, unis contre les incessantes provocations du roi de Versailles. Les ennemis viennent s'amuser jusqu'aux environs de Paris.

Louis XIV avait déjà fait ses malles, pendant que le sort de la France allait être joué sur le sort d'une bataille, qui fut gagnée à Denain par notre dernière armée sous le commandement du maréchal Hector de Villars. (1712.)

La paix d'Utrecht, qui fut signée l'année suivante, laissa la France épuisée, abîmée, ruinée, sans ressources. Les populations chargées d'impôts exorbitants, et affamées, mangèrent l'herbe des champs sur un morceau de pain fabriqué avec du son mélangé à une farine d'écorce de peuplier.

Mais pendant ce temps, le roi et les seigneurs mangeaient l'argent du peuple dans les bals et les concerts de Versailles.

*
* *

Nous allions oublier de vous dire, que parmi ces gens de guerre illustres du règne de Louis XIV, il convient de distinguer le maréchal Catinat et le maréchal de Vauban. Catinat fils d'un de ces bourgeois que la noblesse appelait des robins, par mépris, fut une belle âme et un homme de bien, avare du sang de ses soldats, clément et miséricordieux envers les vaincus.

Vauban avait dans le cœur l'amour du peuple, et l'amour de la justice. Il fut l'inventeur d'un projet d'impôt, qu'il appelait la *dîme royale* dont l'application eût été salutaire au peuple et à la monarchie, principe de l'impôt proportionnel suivant la fortune de chacun, le revenu de la *dîme royale* aurait épargné la banqueroute de Louis XV, et probablement la révolution.

Mais les nobles qui n'ont jamais rien payé sur les grands domaines dont ils étaient détenteurs, poussèrent Louis XIV contre Vauban et contre son livre qui fut condamné comme un crime, par le Parlement de Paris, sans que la sentence osa prononcer le nom de l'auteur. C'était en effet, un grand crime de proposer un impôt sur les nobles propriétaires, qui avaient tant besoin d'argent pour la conquête et la danse du cotillon, dans les salons de sa Majesté.

***

Louis XV nous a légué la banqueroute que Louis XIV avait préparée par les prodigalités en frais de guerre, de logement et d'opulence monarchique.

Famine sous Louis XIV, disette et misère du peuple sous Louis XV; on ne peut sortir de là sous l'antique monarchie, en y ajoutant tous les genres de corruption, de dépravation et d'ignominie.

Louis XV avait à Versailles un logis et un vaste jardin, le Parc-aux-Cerfs, où l'on élevait de petites pensionnaires pour les plaisirs de sa Majesté. Bien des nobles y offraient leurs filles comme des houris dignes d'un calife de Mahomet.

Louis XV d'ailleurs, pouvait bien se permettre deux ou trois douzaines de filles nobles ou roturières, lorsque les sultans de Constantinople ont toujours mille à douze cents houris gardées dans les kiosques du Bosphore par des eunuques. Les papes de Mahomet se justifient eux-mêmes en disant que Salomon le roi du peuple de Dieu, avait trois cents fillettes dans ses jardins.

O sagesse de Salomon! sagesse des rois d'Orient et d'Occident, sagesse de la monarchie!

Pourvu que cela dure autant que moi, disait le héros royal de la Pompadour et de la Du Barry; *Après moi le déluge.*

Louis XV était prophète; le déluge de la révolution était dans l'air, quand Louis XVI monta sur le trône. Et en vérité, il ne fallait rien moins qu'un déluge pour nettoyer les étables royales d'Augias.

QUINZIÈME CONFÉRENCE

—

Renaissance de l'esprit libéral, ses Héros et ses Martyrs

—

MAITRE JACQUES

Nous avons abordé dans notre dernière conférence, au grand fleuve de la résurrection sociale ; mais avant d'y entrer avec notre barque de saint Pierre, il nous faut remonter quelques siècles en arrière, afin d'en connaître les sources torrentielles, les eaux pures et les eaux troubles, intermittentes, qui mènent à travers les tourbillons et les tempêtes, jusqu'au grand port creusé par nos pères en 1789.

L'esprit libéral a souffert la torture et le martyre sans repos, depuis son origine en Grèce et en Italie ; amorti par les patriciens romains, trahi et terrassé par les empereurs païens et les empereurs chrétiens, enterré par les Barbares des nations modernes, l'esprit libéral ressuscite de ses cendres dans le XIIe siècle de l'ère chrétienne, au souffle du génie de l'humanité.

L'esprit immortel que Dieu a fait à son image, ne succombe dans les cataclysmes de la terre que pour surgir de la tourmente des siècles, plus radieux et plus puissant dans les voies de son immortalité. C'est de la France qu'est sorti le premier soupir de résurrection qui a retenti dans le sépulcre des nations. L'esprit libéral commence sa nouvelle vie dans la politique locale, au souvenir des anciens municipes romains, en même temps qu'il éclate dans l'Eglise au souvenir des paroles libératrices de l'Evangile de Jésus-Christ.

***

L'esprit libéral dans la commune

Chateaubriand nous dit qu'à la fin du Xe siècle, il n'y avait plus en France, que des seigneurs et des esclaves. Les vieilles cités municipales du droit romain, avaient elles-mêmes succombé sous le poids de la barbarie féodale.

Le XIe siècle s'écoule encore dans ce gouffre de servitude et de tribulation ; mais les premières années du XIIe siècle nous rendent la lumière ; la résurrection commence ; une petite bourgeoisie communale prélude à ses luttes séculaires contre l'aristocratie et contre le clergé.

Le premier germe de cette bourgeoisie est sorti d'une boutique de marchands et d'ouvriers. Fabricants, orfévres, menuisiers, tanneurs, et autres artisans, s'allient, s'encouragent et proclament les droits imprescriptibles de la liberté. Nos premiers libérateurs se soutiennent fièrement, et continuent leur ascension jusqu'au triomphe national, après n'avoir d'abord songé qu'à leurs droits municipaux.

***

Au milieu des ténèbres profondes, un premier cri d'affranchissement s'élève dans la ville glorieuse de Laon, qui obtient de Louis le Gros, une charte de droit communal, moyennant quatre cents écus payés comptant. Les rois de France ne font pas crédit.

— Monseigneur Gaudry, évêque de la ville et seigneur féodal, offrit au roi 700 écus pour retirer la charte municipale vendue à Messieurs les bourgeois. — Bonne prise et bon commerce, s'écria le noble roi qui savait son métier! — 400 écus pour donner un parchemin; 700 pour le retirer, total: 1,100 écus de profit dans les coffres de sa Majesté, pour deux signatures sans valeur.

— Irritation des bourgeois déconfits, contre l'évêque qui avait lui-même juré de respecter la charte royale, moyennant une somme d'argent reçue des bourgeois émancipés de sa vassalité.

— Fantaisie de Monseigneur, d'y ajouter la terreur, en faisant assassiner Gérard de Crécy, bourgeois de Laon, pendant qu'il était en prière dans la cathédrale épiscopale. Le meurtrier fut le frère de l'évêque qui avait simulé une absence pour n'être pas soupçonné du crime.

— Révolte de la bourgeoisie. — Monseigneur de Gaudry se cache dans un tonneau de vin blanc, d'où il est tiré par la trahison d'un domestique.

— Supplications du coquin mitré, pour conserver la vie, jurant de donner sa démission d'évêque, et de ne plus mettre le pied dans la ville de Laon.

— Inutiles protestations. — Un bourgeois lui fend la tête d'un coup de hâche. — Les bourgeois crurent qu'il n'y avait pas d'autre moyen d'obtenir justice contre un assassin et un parjure qui portait le titre d'évêque et de seigneur féodal (1112.)

— Vive le roi ! Vive l'évêque du Christ ! Vive le moyen-âge qui nous donne tant d'exemples de vertu !

***

Louis le Gros continua cependant à vendre des chartes municipales, comme un marchand de reliques qui vend des places aux paradis.

Les successeurs du monarque continuèrent le même trafic pour créer une nouvelle bourgeoisie ; non dans un esprit de justice et de sagesse, mais pour en tirer de l'argent, et aussi pour se faire des communes, un appui contre les seigneurs révoltés.

Ainsi, Messieurs nos rois qui auraient pu être des libérateurs, ne furent que des machiavels de comptoir et de police.

Dans la suite, le droit communal s'étendit à tous les bourgs et villages de France. D'ailleurs, plusieurs villes se firent elles-mêmes leur charte municipale, les armes à la main contre les seigneurs, et sans la participation du roi.

Héroïques défenseurs de la liberté renaissante, vous avez désarçonné les barbares des siècles ; et vos victoires de clocher, ont été le fondement de la grande victoire du peuple dans l'immortelle révolution de 1789.

***

Il faut dire encore, que dans les commencements, cette bourgeoisie communale n'était guère qu'une compagnie d'assurance locale contre le brigandage des gentilshommes larrons, et aussi contre les vexations officielles du seigneur féodal.

Ce n'est que plus tard, insensiblement, que les communes prirent un caractère franchement administratif, et que les bourgeois devinrent un corps politique dans l'Etat.

Il faut même distinguer dans ce premier affranchissement communal, deux objets différents :

1° La libération de la servitude pour les habitants.

2° Le droit municipal d'administration.

En d'autres termes, la gestion des affaires locales, n'était point inhérente à la fondation des communes ; mais elle venait tôt ou tard, naturellement, se joindre à la première concession.

Saint-Louis favorisa l'institution des communes, et Louis X força tous les serfs de ses domaines à racheter leur liberté moyennant finances. D'autres seigneurs féodaux, pour tirer de l'argent, en firent autant pour les esclaves de la glèbe dans leurs seigneuries.

Voilà donc des rois, des princes, des seigneurs,

qui ont mis dans les chaînes, tout un peuple dépouillé, et qui disent aux captifs : ***Donne-moi de l'argent si tu veux être libre.***

Ainsi font les larrons de la Grèce et de l'Italie, qui arrêtent les voyageurs, les dévalisent, et font encore payer une rançon aux familles de leurs prisonniers retenus dans une caverne ignorée de l'Olympe et des Appennins.

SEIZIÈME CONFÉRENCE

L'esprit libéral dans l'Eglise

ABAILARD

MAITRE JACQUES

A côté de cette bourgeoisie libérale, l'Eglise fournit son contingent d'auxiliaires à la résurrection de l'humanité. On trouve dès les premières années du XIe siècle, les chrétiens d'Orléans, puis les Albigeois et les Vaudois, qui relèvent l'étendard de l'Evangile libéral, contre le clergé de l'obscurantisme et de la félonie. Au XVIe siècle, la bombe éclate dans l'Eglise et contre l'Eglise, par la réforme religieuse en Allemagne, qui proclame la liberté de conscience sur la parole du Christ.

Abailard est la plus grande illustration qui ait donné le mouvement aux esprits, dans le XIIe siècle de la France et de l'Europe qui étaient endormis, depuis l'enterrement des lettres et des sciences par les Barbares qui avaient englouti et remplacé l'empire romain. Notre Abailard a été le principe et la tête de la régénération humaine et de la civilisation, dont son auditoire a transporté les éléments à travers toutes les frontières. En Italie, c'est son disciple Arnaud de Brescia, aussi illustre et plus vaillant que son maître, qui répandra la sagesse et les sciences morales d'Abailard.

A défaut d'écoles publiques, Abailard, avait ouvert un cours de logique et de philosophie à Sainte-Geneviève de Paris, qui n'était pas encore le Panthéon; créations auxquelles ne songeaient encore ni les gouvernements féodaux ni les rois de France, malgré les traces de Charlemagne dont les institutions étaient mortes dans les ténèbres du régime féodal.

De toutes les nations de l'Europe, on venait écouter l'éloquent professeur, l'homme de génie créateur, qui dans ses prédications, enseigne la morale et la justice, dans l'humanité, les vertus de l'Evangile, et les règles de l'éloquence qui combat pour la liberté.

Les évêques s'émurent bientôt de la sagesse et

de la célébrité du grand philosophe, qui était déjà illustre par ses amours et ses malheurs. — Héloïse et Abailard, âmes pures, amants fidèles, tous les deux savants, restés populaires à travers les siècles les plus sombres de l'histoire, toujours aimés et vénérés des foules qui honorent d'une sympathie glorieuse et profonde, les souffrances du génie persécuté.

***

Abailard fut traduit devant le concile de Sens, en 1140, accusé :

1° De ne pas expliquer le mystère de la Sainte-Trinité, suivant les principes de l'Eglise.

2° De relever le libre arbitre de l'homme, aux dépens de la grâce fataliste, qui est un principe de l'Eglise catholique et de l'Eglise mahométane.

3° D'avoir dit, que toute la mission de Jésus-Christ, était de nous instruire et de nous racheter par sa parole et par son exemple, comme la seule Rédemption que le grand martyr de Jérusalem put donner à la terre tombée dans le néant.

4° D'avoir écrit, que le démon n'a ni influence ni puissance sur les hommes, malgré ou sans le péché originel.

Naturellement, les évêques du concile condamnèrent les principes d'Abailard, qui au lieu d'essayer une défense inutile devant des juges qui avaient pour mission de condamner, et non de juger, signifia son appel à Rome sur les accusations portées contre lui.

Naturellement aussi, le pape Innocent II confirma la sentence du concile de Sens. C'était juste ; apothicaires et pharmaciens se soutiennent et se font des compliments.

Fanatiques gens d'églises, vouliez-vous donc, qu'un sage esprit comme Abailard, embrassa les sottises de la superstition et de l'imposture ? Vouliez-vous qu'il fut fataliste à l'exemple des musulmans, fataliste comme votre principe de la grâce, dont la force latente et inexorable, pousse au bien et au mal, sans la conscience de celui qui est entraîné au crime ou à la vertu ?

La grâce de l'Eglise, comme le fatalisme des musulmans, comme le destin des anciens, qui sont identiques, ne laisseraient à l'homme aucun mérite, aucune responsabilité, puisqu'il ne serait pas libre, puisque d'après vous il est soumis à une volonté supérieure et toute puissante, qui le tient, l'enserre et le conduit d'une main de fer.

Les catholiques mitrés, gens de ténèbres intéressés à perpétuer les ténèbres, ont toujours voulu faire croire que le libre examen et la libre pensée sont des productions de l'enfer ; feignant d'ignorer que le libre arbitre est précisément un produit de la nature humaine, consacré dans l'Evangile de saint Jean, qui rend témoignage *de la vraie lumière qui éclaire tout homme venant au monde* (chap. Ier.)

Or, cette lumière native ou naturelle de saint Jean, n'est autre chose que la raison humaine, la libre pensée, donnant droit au libre examen, au libre arbitre, au libre jugement, dans toutes les choses de la vie, dans le bien et dans le mal.

L'évangile de saint Jean ne fait donc qu'attester un principe déjà consacré dans les livres de philosophie. Mais il faut bien que les évêques soient logiques, sans exception, en faisant sur tous les points, exactement le contraire de ce que prescrit la doctrine chrétienne

***

L'accusateur d'Abailard était saint Bernard, supérieur de l'abbaye de Clairvaux, esprit distingué mais trop catholique par amour de la conciliation et de l'unité. Cependant, malgré son catholicisme papiste, saint Bernard doit être mis au rang des belles âmes de son temps, pour sa vie pure et philosophique, pour ses sermons évangéliques, et pour la sagesse avec laquelle il dirigeait son monastère de Clairvaux.

On sait aussi, avec quelle énergie dans ses écrits et ses discours, il s'élève contre les papes et les évêques, contre les moines et les abbés, qu'il ne trouve rien moins que chrétiens. Il s'indigne contre ces vieillards de Rome, qui veulent paraître les docteurs et les maîtres de l'Eglise ; il s'indigne en voyant les pierres de l'église couvertes d'or, pendant que ses enfants sont dans la misère et la nudité.

Saint-Bernard était catholique, mais il aurait voulu voir le catholicisme marcher dans la voie de Jésus-Christ et des apôtres.

Illustre saint Bernard, vous pouvez voir maintenant du haut du ciel, que les lois et les vertus apostoliques sont impossibles dans l'église du pape et des cardinaux. Et je pense que dans vos entretiens familiers avec saint Pierre et saint Paul, avec saint Jacques et saint Mathieu, on doit vous en dire de belles sur le compte des évêques et des pontifes, qui se disent aujourd'hui les ministres de Jésus-Christ, et les successeurs des apôtres. Etant encore sur la terre, n'avez-vous pas dit vous-même dans un sermon, que *les plaies de l'Eglise étaient incurables ? Intestina et insanabilis plaga ecclesiæ.*

***

Après le concile de Sens, Abailard s'était retiré dans le monastère de Cluny, où il fut dissuadé d'aller à Rome, attendu qu'il n'aurait rien à y gagner avec des gens qui marchaient dans la fausse voie par principe et par intérêt.

Abailard fit la paix avec saint Bernard, et mourut au couvent de Saint-Marcel, près de Châlons-sur-Saône, en 1142. Il était né près de Nantes en 1079.

Les cendres d'Héloïse et d'Abailard, reposent à Paris dans le même tombeau. — Le tombeau!.. voilà notre fin commune, la fin de nos labeurs et de nos agitations terrestres. Rois et pontifes, pauvres et riches, devant la tombe où nous allons tous trébucher ; devant la tombe qui nous attend, ne vous semble-t-il pas qu'on doive se donner moins de soucis et de crimes, certains que tous nos succès finissent par aboutir dans la poussière de l'éternité ?

***

ARNAUD DE BRESCIA

Pendant que la France osait à peine réclamer ses petites municipalités, l'Italie avait son grand orateur entrain de lui prêcher dans leur intégralité, tous les droits qui sont l'apanage naturel et inaliénable de toutes les nations.

Arnaud de Brescia, qui était entré dans les ordres monastiques comme Abailard, son cher précepteur, Arnaud de Brescia revendiquait tout à la fois, la liberté du Christ, et la liberté des anciens romains.

La doctrine évangélique, disait-il, est une doctrine de rédemption pour les hommes et pour les peuples. Elle nous prescrit la fraternité entre les nations ; et elle nous enseigne individuellement, à prier Dieu dans le secret de nos maisons, et dans le secret de nos consciences, en esprit et en vérité, sans intermédiaire entre l'homme et son Créateur.

En dehors des préceptes de l'Evangile, Arnaud de Brescia prêchait aux Romains le souvenir des ancêtres, leur rappelant la grandeur romaine des premiers temps. Il leur représentait l'ordre plébéien retiré sur le mont Sacré, fuyant Rome patricienne, pleine d'injustices, pour fonder une patrie partout où pourraient être consacrés le droit et la liberté. Remplissez vos âmes, leur disait ce nouveau tribun du peuple, remplissez vos âmes de l'âme de vos pères, si vous voulez sortir du gouffre d'abjection et de turpitude dans lequel vous ont précipité le gouvernement des anciens patriciens, et le gouvernement clérical qui a succédé aux empereurs et aux pontifes païens.

Dans cette voie de prédication illustre, Arnaud de Brescia n'ignorait pas qu'il avait à faire le sacrifice de sa vie. Mais il s'était dévoué comme le Christ ; et il continua d'enseigner les peuples du haut de la chaire apostolique, comme le Christ dans le temple de Nazaret.

Le faste insolent des évêques et des abbés, les mœurs licencieuses des prêtres, des moines et des pontifes, faisaient souvent l'objet de ses sermons, en les comparant aux évêques et aux pasteurs des trois premiers siècles apostoliques. Le peuple applaudissait à son nouvel apôtre, contre les gens d'église qui vivaient beaucoup plus en païens qu'en chrétiens, et qui étaient justement détestés de leurs paroissiens.

Arnaud de Brescia prêcha même à plusieurs reprises dans Rome, où il fut arrêté, condamné à mort secrètement par le clergé du pape, attaché à un poteau sur une place de la ville, et brûlé vif, pendant que les prêtres invoquaient Dieu, les anges et les saints, qui devaient bien se réjouir d'un pareil spectacle (1155.)

Le pape Adrien IV, et tous les capucins de Rome, crurent par la mort d'Arnaud de Brescia, et dans les flammes de son bûcher, avoir anéanti la parole de la montagne de Jérusalem, et la parole des tribuns du capitole; mais des flammes du bûcher, glorieuses comme le calvaire, jaillirent des étincelles qui allèrent tomber sur toutes les terres du monde chrétien; et si les ossements calcinés du martyr, ont été emportés dans les flots du Tibre, son esprit immortel plane dans les cieux, et murmure encore des paroles sacrées dans l'esprit de tous les peuples.

*
* *

En France et en Italie, on recueillit la parole d'Abailard et la parole d'Arnaud de Brescia, qui ont été pour les peuples modernes, le fondement de leur rénovation en politique, en religion et en philosophie. Leur mémoire sainte est immortalisée par les témoignages rendus à la vérité, par le génie et le martyre.

DIX-SEPTIÈME CONFÉRENCE

—

Triomphe de l'Esprit libéral

—

MAITRE JACQUES.

Nous avons dit dans nos conférences, que Charles VIII, Louis XII et François Ier, trois monarques qui se suivent dans la chronologie, étaient allés l'un après l'autre comme des moutons, faire des expéditions en Italie, sans succès.

Mais ils y ont fait, sans le vouloir et sans le savoir, la conquête d'un trésor plus précieux que la possession d'une province et d'un royaume.

Notre séjour en Italie inspira heureusement à la France, le goût des lettres, le désir de connaître l'antiquité.

L'étude de la politique et de la philosophie des anciens, s'était conservée en Italie, au milieu des République de Gênes, de Venise et de Florence, malgré les doges et les podestats de l'aristocratie, malgré les pontifes romains qui cherchaient à fourrer partout le nez de l'inquisition. Le sentiment de la liberté humaine, put vivre et se transmettre à toutes les générations.

De leurs relations avec les lettrés de la péninsule, nos soldats, nos cavaliers, nos artilleurs rapportèrent dans leurs bagages, Virgile, Tacite, Cicéron, Homère, Démosthènes et Platon, en même temps que la culture des jardins publics et des beaux-arts,

Nous étions au XVIe siècle; les esprits s'ouvrirent avec les colléges et les universités. C'est le siècle de la renaissance universelle.

L'étude de l'antiquité vint accélérer le mouvement de l'esprit libéral qui vivait en France par sursaut. De nos écoles, sortent bientôt des pépinières de savants, d'avocats et de tribuns, qui dans les assemblées des Etats-Généraux, font pâlir la fausse métaphysique des évêques, et frissonner l'orgueil ignorant de la noblesse.

Les enfants de l'aristocratie commencent eux-mêmes à étudier. Les donjons s'humanisent; les vieux paladins de manoir s'en vont; les batailleurs d'escarpe et de pont-levis font place aux chevaliers de carrousel qui hantent les tournois et les cours d'amour. Ménestrels et troubadours policent les barons et les dames de castel.

La bourgeoisie poursuit son ascension, et prend une prépondérance inexpugnable, par les sciences, par les lettres et les beaux-arts.

***

Suite de l'esprit libéral dans l'Eglise

Qui aurait dit que l'esprit libéral pourrait jamais entrer dans l'Eglise ou en sortir? — Tant de gardiens et de bergers, tant de portes fermées, tant de clefs mystiques entre les mains d'une armée de sacritains aux yeux d'Argus! La clef du pape infaillible, la clef des évêques, la clef des conciles, la clef de l'inquisition et de la torture, la clef des jésuites et des capucins, la clef de la confession, la clef de l'anathème et de l'excommunication, la clef qui ferme les nuages de la grêle, la clef qui ouvre les nuages de la pluie, la clef des conjurations contre les chenilles qui dévorent nos vergers, la clef qui chasse les démons et les sorciers, la clef des miracles et des apparitions divines, la clef des *Lourdes* et des *Salettes*, la clef qui a fermé si longtemps l'Evangile aux yeux des simples chrétiens, la clef de l'enfer, la clef du purgatoire, la clef du paradis.

Quelle masse de portiers portant à la ceinture autant de clefs de fer pour les peuples, clefs d'or et d'argent pour les évêques et les pontifes.

Autant de clefs, autant de portes de fer, de plomb et d'airain, qui écrasent le cerveau, la pensée, la conscience, la volonté, l'intelligence dans sa masse du peuple.

Et cependant, malgré toutes ces portes qui font l'obscurité dans les corridors de l'Eglise, l'esprit libéral est entré dans l'Eglise, l'esprit libéral est sorti de l'Eglise.

C'est que l'esprit libéral est un esprit divin, plus fin, plus subtil, plus puissant que l'esprit machiavélique des jésuites et des inquisiteurs.

L'esprit libéral passe à travers les grilles et les serrures, pénètre même dans les cures et les évêchés, monte sur les clochers, entre et sort à toute heure, en criant les paroles évangéliques de rédemption et de liberté.

Capucins et dominicains, vos sacristies obscures ont récélé en vain les pages du Nouveau Testament dans vos armoires de fer ; l'imprimerie les transporte à la vapeur dans toutes les maisons et les chaumières, comme une lueur sainte qui vient se joindre au flambeau du monde profane, pour faire ensemble la lumière universelle sur toutes les nations du globe, qui seront les grandes familles de la terre unies par l'esprit libéral d'une éternelle sympathie.

*
* *

Depuis le XIe siècle, de toutes parts s'élèvent des protestations contre l'Eglise romaine, qui exerce ses rigueurs sanglantes sur les peuples chrétiens, au nom du Christ, mais contre les préceptes du Christ qui a dit à ses apôtres : *qu'il n'est pas venu pour perdre les hommes, mais pour les sauver.*

L'an 1022 à Orléans, deux prêtres, Etienne et Lisois, sont brûlés avec un troupeau de fidèles qui allait toujours croissant, condamnés par les évêques et rôtis vivants en présence du roi Robert accompagné de sa femme et des seigneurs de la cour. Cette reine-tigresse enfonce une baguette de fer dans l'œil de l'un des prêtres, qui avait été son confesseur, à l'heure où on le menait au supplice.

Tout le crime de ces victimes, était de vivre en chrétiens, suivant l'Evangile et suivant l'exemple des apôtres.

*
* *

Au XIIe siècle, Pierre de Bruis et Henri son disciple, prêchent vingt ans dans le Dauphiné, dans la Provence et dans le Languedoc, contre les doctrines hérétiques de l'église. Ces deux apôtres enseignaient, que ce n'est pas la croix qu'il faut adorer pour être chrétiens, mais qu'il faut pratiquer les commandements de Jésus. Ils ajoutaient que les messes ne valent pas plus que les vêpres.

Dans le même siècle, les Vaudois prennent naissance à Lyon, et viennent se confondre avec les Albigeois du Languedoc. Albigeois et Vaudois sont massacrés dans un horrible carnage, pendus, brûlés, noyés, dans les premières années du XIIIe siècle.

Tous ces chrétiens que nous venons de signaler menaient une vie austère et de bonnes mœurs. Ils avaient quitté l'église catholique à cause de la vie corrompue du clergé, dont il leur fallait entretenir l'opulence et les déréglements. Ces réformés s'élevaient surtout contre l'accaparrement des richesses par l'Eglise, qui semblait faire consister toute la religion dans la domination et dans l'acquisition des trésors de la terre.

***

En Angleterre, le saint et savant évêque de Lincoln, Robert Grosse-Tête, fait une peinture affreuse des maux de l'Eglise, et lance sur la tête des papes et des prélats, des coups de massue formidables. Dans un mémoire adressé au pape Innocent IV, Robert dit que les pasteurs, qui sont par état la lumière du monde, ont répandu partout l'ignorance et les ténèbres. Il dit que leur ambition, leur cupidité, leur avarice vont toujours croissant ; et que c'est pour cela qu'ils emportent la chair et la peau des brebis, qu'ils répandent leur sang, et même brisent leurs os. Il dit, que personne ne doit obéir aux ordonnances de l'Eglise, qui sont contraires à la doctrine de Jésus-Christ et des apôtres.

A son lit de mort, devant un nombreux clergé, le saint évêque dit que le pape Innocent IV, afflige l'Eglise plus qu'aucun autre de ses prédécesseurs ; et pour tout engloutir, il s'attribue la succession de ceux qui mouraient sans testament. Il ajoute que tout le mal du monde chrétien venait de la cour de Rome, et que le pape méritait le nom d'antéchrist (Mort en 1253.)

Au XIVe siècle, dans le même diocèse de Lincoln, c'est le curé Jean Wiclef, qui publie un petit code des doctrines évangéliques contraires aux pratiques de l'Eglise catholique. Il dit entr'autres choses, que la confession est inutile ; et qu'il est interdit à l'Eglise par l'Evangile, de posséder des biens temporels. Ses écrits furent condamnés par un concile de Londres de 1382.

***

Dans le XVe siècle, Jean Huss et Jérôme de Prague, deux prêtres bohémiens, prêchent le retour au christianisme apostolique. Tous deux parlent contre les indulgences, disent que le pape est un simple prêtre sans aucun pouvoir supérieur ; d'après eux, la confession est inutile, et l'abstinence des jours maigres est sans fondement dans l'Evangile.

Jean Huss fit encore plusieurs livres contre les clergés catholiques, qu'il appelle : *les enfants de l'antéchrist.*

Jean Huss et Jérôme de Prague son disciple, furent cités devant le concile de Constance, condamnés et brûlés vifs par les évêques, qui, paraît-il, ont toujours, aimé le parfum des viandes rôties (1415.)

On voit que les paroles d'Abailard et d'Arnaud de Brescia, avaient porté leurs fruits dans le monde chrétien.

***

En Italie, nous trouvons Jérôme de Savonarolle, de l'ordre des Dominicains, qui fut pendu et brûlé avec deux prêtres comme lui. Tout le crime de Jérôme était d'avoir dit dans ses sermons, que l'Eglise serait renouvelée à cause de l'indignité de ses membres, surtout à cause de la grande corruption du clergé de Rome, de son luxe et de ses désordres (1498.)

La mort de Savonarolle qui fut mis vingt fois à la torture la plus cruelle, était conclue entre le pape et les Médicis qui étaient les chefs de la République aristocratique de Florence. Ce pape était Alexandre VI qui a été un des plus abominables scélérats de la terre.

*
* *

Mais Madame l'Eglise, malgré ses potences et ses bûchers, continue à voir saper sa puissance hérétique ; l'heure solennelle arrive, où l'Eglise romaine va recevoir un fameux coup de pied d'un moine allemand, à l'occasion de la grosse vente d'indulgences du pape Léon X, qui avait bien besoin d'argent pour payer ses fredaines, nourrir ses meutes de chiens, et bâtir son temple du Vatican.

Des charrettes d'indulgences partent de Rome pour toutes les paroisses du monde chrétien ; et les évêques, les prêtres, les moines de partout, qui en profitent un peu, prêchent partout les indulgences du Saint-Père pour gagner le paradis.

En Allemagne, ce sont les Dominicains qui sont chargés de débiter les pacotilles sacrées dans le peuple, aux pauvres et aux riches. On les voit tenir bureau ouvert jusque dans les guinguettes et les cabarets, où ils faisaient ribotte d'une partie de l'argent qu'ils recevaient sur la livraison des indulgences. On les entendait crier partout dans les cabarets, dans les rues et aux portes des Eglises :

Qui veut des indulgences ?

Voilà des indulgences ?

Voilà des places au paradis !

Vous n'avez qu'à compter l'argent, et la place du paradis vous appartient pour une éternité.

Qui en veut ? voilà des places au paradis !

***

1517

Mais voici Martin Luther, prêtre et moine du couvent des Augustins, qui se met à contester la valeur des indulgences, et qui finit par dire qu'elles ne sont que des chiffons de papier, comme les promesses de places au paradis ne sont que des mensonges pour attraper l'argent des imbéciles.

Les deux ordres religieux, dominicains et Augustins, prennent feu, se disputent du haut de la chaire en public, s'injurient et se traitent de la belle façon, comme gens qui savent le fort et le faible du métier.

Les princes et les seigneurs allemands s'en mêlent ; les nonces du pape arrivent ; on tient des conférences, des diètes, des conciles pendant plusieurs années, pour ne faire qu'envénimer la question, sans pouvoir obliger Luther à se retracter. Le réformateur tient bon, et le déchirement de l'Eglise est accompli. Le moine des Augustins fait son catéchisme, et la religion protestante est fondée ; fondée sur des matières de culte, de discipline, de liturgie et de métaphysique sans portée. En effet, cette réforme religieuse n'est qu'une facture mécanique, tirée de la grande mécanique romaine, sans toucher au fond du christianisme, qui reste comme étranger aux deux églises antagonistes.

La nouvelle religion passe en Suisse, en France, en Angleterre, dans les Pays-Bas, en Danemark et en Suède. L'Eglise catholique perd ainsi des millions d'hommes et des millions de femmes, qui ne lui donneront plus aucun profit ni pour les indulgences, ni pour les reliques, ni pour le denier de saint Pierre, ni pour les places en foires du paradis.

*
* *

La réforme fit un grand bien en ce sens, que l'on comprit parmi les plus ignorants et les plus obtus, qu'on pouvait se passer du pape, des cardinaux et des évêques, puisque le soleil et la pluie venaient pour les protestants et pour les catholiques, même pour les philosophes.

On croyait parmi les peuples, que le pape était le maître des éléments, le maître de la foudre comme Jupiter, le contre-maître dans toute la création du bon Dieu. Le succès de la réforme protestante, fit descendre la papauté du piédestal, que lui avaient dressé l'ignorance et la crédulité des nations. Le pape fut dépouillé de son auréole céleste, et son prestige s'en alla toujours en déclinant. La puissance cléricale ne fut presque plus qu'une influence politique, dont l'exercice se fit surtout sentir dans les trois ou quatre Saint-Barthélemy qui plongèrent la France dans des fleuves de sang. Mais en dehors de cette influence carnassière, à peine si le pape conservait encore assez d'empire sur les âmes dévotes, pour mériter de Montesquieu, le titre de : *Grand magicien de l'Occident.*

*
* *

La plupart des seigneurs français avaient embrassé la religion réformée, dont le culte leur parut une réminiscence du régime féodal, en faisant du père de famille, un patriarche qui distribue les articles de foi dont il fait lecture dans le livre sacré, au foyer domestique.

L'individualisme paternel se trouve consacré dans la pratique de la religion protestante ; et la noblesse crut y voir un dissolvant du pouvoir central. L'unité catholique lui faisait peur, comme un auxiliaire de l'unité politique; et elle croit déjà s'acheminer vers le pouvoir féodal par le canal de la nouvelle religion. Mais on sait que le cardinal de Richelieu sous Louis XIII, et le cardinal de Mazarin sous Louis XIV, mirent bon ordre à cette velléité d'indépendance provinciale, à cette espérance de retour au bon temps de Hugues Capet.

De son côté, la bourgeoisie qui ne croyait ni à la religion du pape, ni à la religion de Luther et de Calvin, profita de la décadence des croyances métaphysiques, pour avancer la liberté morale et politique parmi les petits bourgeois, parmi les artisans et parmi le peuple. On se faisait protestant pour faire voir qu'on était du parti libéral.

Les disciples du progrès, ont toujours gardé une préférence de raison pour la religion protestante, à cause du libre examen ou libre arbitre, qui est son principe et sa raison d'être contre l'arbitraire infaillible de l'Eglise romaine.

En vérité, sans le principe du libre examen qui a ouvert le sillon à la liberté du monde, la Réforme protestante ne serait qu'une révolution religieuse et cléricale, une révolution de sacristains. Elle n'aurait d'autre mérite que d'être un fait accompli trois siècles environ avant notre révolution française, qui a été la première à consacrer tous les droits et tous les devoirs du genre humain.

DIX-HUITIÈME CONFÉRENCE

—

La Résurrection

—

MAITRE JACQUES

Enfin, les intelligences étaient ouvertes, du côté de la religion, et du côté de la politique. L'esprit libéral de la bourgeoisie, et l'esprit libéral sorti du christianisme, pouvaient se donner la main, en se réjouissant de voir les progrès accomplis, assurés par l'expansion croissante des sciences et de la philosophie.

Les universités, les colléges, les écoles où l'on étudiait Tacite et Démosthènes, Platon et Plutarque, enfantèrent bientôt une pépinière de savants et de littérateurs, du milieu desquels surgirent les hommes de génie, qui devaient porter le flambeau dans toutes les sphères qui concernent le monde en société.

Le curé Rabelais, La Boétis, Montaigne, Descartes, Corneille, Molière, Pascal l'effroi des jésuites, Fontenelle, La Fontaine, La Bruyère, Racine, Montesquieu, Vauvenargues, Diderot, d'Alembert, Voltaire, Jean-Jacques Rousseau, Buffon, battent en brèches les vieilles croyances et les vieux dogmes, les miracles de Jupiter, et les miracles de la Sainte Vierge ; en même temps qu'ils ouvrent à la lumière les autres de la politique, en nous dévoilant les secrets de de l'histoire, les secrets de la tyrannie, et les secrets de la défaillance des peuples.

L'allemand Copernic, et l'italien Galilée, avaient déjà déraciné le fondement de la Bible de Moïse, renversé les fondements de toutes les Bibles antiques, en découvrant le vrai système du monde, que Moïse ni les autres ne connaissaient pas, et qu'ils ne pouvaient par conséquent mettre dans leurs livres sur l'origine de la création.

Si Dieu avait dicté la Bible des juifs, il n'y aurait pas mis des fautes d'orthographe, des fautes d'astronomie et de géologie ; à moins de supposer que le Créateur ne connaissait pas le mécanisme de la création.

L'imprimerie découverte en 1440 par Guttemberg, assure la propagation des livres de lumière dans tout l'univers, sans que toutes les malveillances sacerdotales puissent désormais les anéantir, comme on aurait pu faire d'un manuscrit. L'imprimerie, la plus grande découverte et le plus grand trésor de l'humanité, a été un coup mortel pour toutes les erreurs, toutes les superstitions, tous les mensonges, toutes les exploitations et toutes les injustices des vieilles sociétés.

Il n'est pas jusqu'à l'invention de la poudre fulminante en 1470, qui n'ait été funeste à l'ancien régime du monde, en égalisant la force physique par l'adresse, et en rasant de loin, à coups de canon, les donjons des vautours féodaux.

Nos philosophes avaient prédit et préparé la rénovation de la terre. La révolution était déjà faite dans les intelligences, avant d'être proclamée par les Etats-Généraux de 1789.

***

Louis XVI, esprit disparate et décousu, trop éclairé pour vouloir se charger d'un passé odieux, n'était pas assez philosophe pour jeter aux gémonies toute cette cargaison de siècles, qui est l'histoire de ses aïeux.

Il avait peut-être du goût pour les nouveautés de son temps ; mais sans vouloir porter atteinte aux droits acquis du vieux monde aristocratique dont il était sorti.

Il aurait bien voulu assurément, faire la liberté pour tous ; mais il n'aurait pas voulu ravir aux vieux seigneurs leur ancienne domination

Il aurait sans doute désiré soulager le peuple de sa misère et de son fardeau ; mais sans rien déranger aux priviléges et aux faveurs dont jouissaient les nobles et les évêques depuis quatorze siècles d'usurpation.

Les impôts sur les masses étaient trop lourds; mais il n'aurait pas voulu taxer les biens des églises et des châteaux, qui avaient toujours joui de la franchise des charges publiques.

Sa Majesté voulait bien l'égalité des droits ; mais à la condition que le peuple obéirait à M. le curé dans l'exercice de ses devoirs politiques.

Le roi aurait voulu faire le bien public, mais sans prendre les moyens d'y parvenir. Et si on lui avait dit que le peuple manquait de pain, il aurait répondu très-sérieusement, qu'il allait travailler à lui procurer des brioches et des biscuits.

Louis XVI enfin, aimait et voulait la révolution, puisqu'il prêta serment à la constitution ; mais sous l'impulsion de sa femme et de ses chambellans, il correspondait secrètement avec les émigrés, appelant les armées étrangères à venir remettre l'ordre de l'ancien régime, dans la France troublée, égarée, désorganisée.

Louis XVI voulut être lui-même un émigré, pour se faire le chef des légions de Condé, lorsqu'il fut arrêté dans sa fuite à Varennes, et mis entre les mains d'une nation irritée par les trahisons de la cour.

Sa Majesté qui était le fils aîné de l'Eglise, n'avait pu comprendre que l'heure était venue des justes réparations, au profit d'un peuple enseveli dans l'oppression des siècles.

Toutes les palinodies et tous les artifices que la cour inspire à ce monarque sans caractère et sans vigueur, ne peuvent rien contre une situation invincible. Il faut que les destins s'accomplissent dans l'intérêt de la civilisation.

L'enthousiasme de la révolution enfante une nation de héros, une nation d'Hercules et de Thésées, qui brise toutes les coalitions de l'Europe, qui écrase toutes les armées ennemies guidées par les nobles émigrés, soutenues par les insurgés de l'intérieur.

La bastille tombe, le trône tombe, l'autel tombe, malgré toutes les fureurs des folles conspirations de vengeances, qui appellent le retour de l'inquisition et des bûchers, le retour d'une St-Barthélemy sur tous les Jacques de France.

La bourgeoisie triomphe sur toute la ligne, avec le concours du peuple.

Notre révolution est sortie des cendres de l'antiquité. La république grecque et la république romaine, ont pour fille la république française qui devait venger vingt siècles d'oppression et de barbarie, depuis Jules César, depuis Scipion Nasica et Sylla

Grandes âmes d'une génération héroïque, le monde admire vos grandes œuvres. Vous avez triomphé de toutes les hostilités; vous avez brisé tous les complots, broyé toutes les résistances, confondu toutes les injustices. Et au milieu de tous ces tourbillons de tempêtes, vous avez proclamé les grandes lois des nations civilisées.

Toute la terre vous bénit, parce que vous avez travaillé pour toute la terre, pour la liberté de tous les hommes, au bénéfice de tous les peuples.

DIX-NEUVIÈME CONFÉRENCE

—

Les Grands Régicides

—

MINERVE

Enfin, père Jupiter, tu as vu et entendu les paisibles conférences de nos campagnards ; tu as vu comment se tiennent leurs assises, en cachette, pour ne pas tomber devant les assises du procureur impérial de la République Française. — Ne trouves-tu pas, que ces entretiens historiques sont plus véridiques et plus salutaires que le poème biblique de Bossuet sur l'histoire universelle, plus salutaires que tous ces livres d'histoire falsifiée qui sortent des forges de la Sorbonne, ou des forges de Loyola ? — Qu'en dis-tu ?

JUPITER

Je dis qu'un jour, en entrant, je sentis me

monter au cerveau, une vapeur d'ognon, qui n'avait rien des arômes de l'ambroisie.

MINERVE

Je te dis qu'il n'y avait pas d'ognons.

JUPITER

Alors, c'était un parfum de porreau cru, dont je n'aurais pu me tirer sans une bonne poignée de musc dans mes moustaches.

MINERVE

Tu as toujours dans les brouillards du préjugé, de l'illusion et de l'imagination. Les senteurs âcres et violentes du musc finiront par te donner le vertige.

JUPITER

Il y a d'ailleurs, d'autres choses qui m'ont offusqué bien davantage dans ces réunions démagogiques, où l'on agite des questions épouvantables. N'y a-t-on pas résolu en principe, qu'il n'y a de légitimes que les gouvernements élus par le peuple ? — Cette motion seule, sent l'ognon, l'anarchiste, le régicide et le révolutionnaire, à trois kilomètres de distance.

MINERVE

Je m'y attendais ; je m'attendais à cette recrudescence d'irritation de ta part. Aussi, vais-je te répondre une fois pour toutes, et te prouver que les plus grands révolutionnaires, et les seuls régicides, se trouvent dans les rangs de la plus haute aristocratie, parmi les patriciens, les rois, les évêques et les pontifes romains.

JUPITER

Si tu m'en donné la preuve, je me déclare battu, confondu, amorti ; et je te paye un merle blanc qui chantera *La Marseillaise* comme un rossignol.

MINERVE

Tiens!.. sans remonter plus haut, je commence à la fondation de Rome, 754 avant l'ère chrétienne. Ce sera bien assez pour gagner ton merle blanc, qui chante la République d'une voix de corbeau.

1°. — il faut compter. — 1° Romulus, premier roi de Rome, est égorgé par les sénateurs réunis en cercle dans le Champs de Mars, coupé en cinquante morceaux que cinquante sénateurs cachèrent sous leurs robes patriciennes, et qu'ils allèrent enfouir dans leurs maisons. En même temps, on faisait publier en ville, que le Dieu Mars était venu prendre Romulus en carrosse, et l'avait porté au ciel pour être la divinité protectrice des Romains. (715 avant J.-C.)

2° Tarquin l'Ancien, cinquième roi de Rome, est assassiné par deux princes fils de son prédécesseur Ancus Martius. (578.)

3° Servius Tollius, sixième roi de Rome, est tué par son gendre, qui prit le trône sous le nom de Tarquin le Superbe (534.)

4° Alexandre IV, fils d'Alexandre le Grand, fut empoisonné en bas-âge par Cassandre roi de Macédoine, qui se débarrassa ainsi d'un futur concurrent dont il avait usurpé les droits à la couronne (316.)

5° Assassinat de Jules César, empereur, par tous les sénateurs conjurés, en plein Sénat (44 avant J.-C.)

6° La mort de Jésus-Christ peut être considérée comme un régicide, puisqu'il est roi du Ciel et de la terre, et appelé par dérision, ***Roi des juifs***.

Qui donc a crucifié Jésus de Nazareth ? — C'est le Grand-Prêtre du temple de Salomon, pape de

Jérusalem, de concert avec les nobles Saducéens et les bourgeois Pharisiens, avec les prêtres et lévites de toute qualité.

Quel crime avait commis le doux Jésus pour être sacrifié à la rage de tous les Patriciens israélites ? On l'accusait d'avoir blasphémé contre la religion de Moïse ; mais en réalité, il était coupable d'enseigner la liberté, l'égalité, la fraternité, coupable de prêcher la justice en faveur du peuple, contre tous ceux qui ont l'habitude d'exploiter les populations au nom de Dieu et de la religion.

Si le Christ sortait de son tombeau, si le Christ revenait sur la terre, il serait crucifié une seconde fois, en place publique, comme il le fut sur le Calvaire, il y a 1843 ans.

***

36. — Depuis Jules César, dans l'empire romain d'Orient et d'Occident, plus de trente monarques ont été empoisonnés ou égorgés par les patriciens de la cour, et par les princes qui aspiraient à les remplacer. Inutile de signaler nominativement, cette marmaille obscure de patriciens régicides, révolutionnaires et conservateurs.

*
* *

Nations Modernes

56. — Meurtres de vingt rois ou petits princes souverains, ses parents, par Clovis premier roi de la monarchie française, qui resta ainsi seul souverain de la France ; illustre et féroce fondateur de dynastie, qui mérite bien la palme des régicides, connus et inconnus, du monde entier.

Clovis mourut l'an 511, et s'en alla droit en paradis, comme fils aîné de l'Eglise, avec un vieux passeport de Saint-Rémi, archevêque de Reims. L'Eglise donne les trésors du ciel, à tous les rois qui lui donnent les trésors de la terre.

57-58. — Clotaire et Childebert, fils de Clovis, égorgent de leur propre main, deux enfants de leur frère Clodomir, qui étaient comme eux, rois d'une partie de la France, pour s'emparer de leur héritage (533 après J.-C.)

59-60-61. — La reine de France Frédégonde, fit assassiner deux reines, un roi son mari, un archevêque de Rouen, dans son église, et une foule de grands personnages ; après tant de crimes, cette reine régicide mourut dans son lit en 597.

62. — Clotaire, fils de Frédégonde, et les

seigneurs français, font périr la reine Brunehaut, en l'attachant à la queue d'un cheval indompté, lancé à travers champs, pierrailles et buissons (613.)

72. — Cette reine Brunehaut était elle-même accusée par Clotaire, d'avoir fait tuer dix rois Francs, deux ministres, et d'autres patriciens, qui étaient sans doute dignes d'elle.

73. — Pépin le Bref, père de Charlemagne, usurpe le trône avec l'approbation du pape Zacharie, et fait mourir dans un cachot, Childéric III, dernier descendant de Clovis (752.)

Il me semble, qu'en sacrant ce régicide, Boniface archevêque de Mayence, et le pape Etienne II, sont eux-mêmes coupables de régicide.

74. — L'empereur Louis, fils de Charlemagne, est déposé du trône, et mis en pénitence publique avec mille outrages, par les évêques de France, et les seigneurs, avec le concours des enfants de ce monarque, et les encouragements du pape Grégoire IV (833.)

75. — La même chose était arrivée en Espagne ; le roi Vamba avait été déposé par les évêques catholiques, et jeté dans un cloître pour prison, en 680, où il mourut en 683.

Voilà donc, en France et en Espagne, bien des évêques, des seigneurs et des princes, régicides, révolutionnaires et parricides.

*
* *

76. — Voici maintenant un pape déposé et assassiné par un autre pape.

L'an 537, l'abbé Vigile vient de Constantinople avec une lettre de l'impératrice Théodora, prescrivant au général Bélisaire en Italie, de faire nommer pape ledit sieur Vigile, à la place du pape Sylverius. Ce qui fut accompli.

Vigile étant ainsi devenu souverain pontife, envoya le pape Sylverius dans l'île déserte de Palmaria, où il crêva de faim. Et Vigile son meurtrier, resta bon pape de Rome, toute sa vie, reconnu vrai pape par toute l'Eglise, sans avoir dans sa poche la permission du Saint-Esprit.

*
* *

77. — Louis V, dernier rejeton de la race de Charlemagne, fut empoisonné par la reine son épouse, à l'âge de vingt ans. Si Hugues Capet n'est pas complice du crime, il était du moins bien préparé pour en profiter, puisqu'il prit sur le champ le trône des Carlovingiens (987.)

78. — La dame Elisabeth, reine d'Angleterre ; fait un petit procès à Marie Stuart reine d'Ecosse, et reine de France comme épouse de François II. Marie est condamnée à mort et décapitée (1587.)

79. — Jacques Ier, fils de Marie Stuart, était roi d'Angleterre, et hostile à la religion catholique. Aussitôt se trame un complot de catholiques et de jésuites, qui font placer artistement 36 barils de poudres dans les caves du palais de Westminster, pour faire sauter le roi et les deux chambres réunis à l'ouverture du Parlement. Les barils de poudre furent découvers à temps, ainsi que les conspirateurs qui furent pendus et enterrés dans le cimetière de Saint-Paul. à Londres (1605.)

Si la conspiration des poudres eût réussi, trois ou quatre mille personnes pouvaient y périr ; mais on aurait ainsi étouffé la religion protestante d'un seul coup de pétard, qui aurait été suivi d'une St-Barthélemy dans toute l'Angleterre.

Mais tout cela était dans l'intérêt de la sainte religion catholique, dans l'intérêt du bon Dieu.

80. — Charles Ier, roi d'Angleterre est mort sur l'échafaud, et ce sont les aristocrates d'Albion, qui l'ont condamné et conduit au supplice (1649.)

81. — Les mêmes mylords expulsent du trône Jacques II, fils du précédent, pour donner la couronne à un prince d'Orange qui était à leur dévotion (1689.)

82. — La machine infernale qui devait faire sauter le carrosse de Napoléon, est une œuvre

de l'aristocratie légitimiste, qui est le parti de l'ordre par excellence (1801.)

83. — La machine infernale qui lança la mitraille sur le cortége de Louis-Philippe, et qui tua une vingtaine de personnes, est encore un produit sorti des officines du parti des Bourbons (1835.)

84. — Enfin, c'est une conspiration de ligueurs catholiques, laïques et clergé de Paris, jésuites et autres cléricaux, dirigés par les ducs de Guise, par les nonces du pape et par le cardinal de Bourbon, qui a fait assassiner Henri III, roi de France, par un moine dominicain nommé Jacques Clément (1589.)

85. — C'est le même monde catholique et sacerdotal qui a produit *dix-neuf* tentatives d'assassinat sur la personne d'Henri IV, et qui a réussi la dernière fois par la main de Ravaillac, rue de la Ferronnerie, près du Pont-Neuf (1610.)

En apprenant la mort du meilleur des rois de France, le pape Paul V ordonna des réjouissances sacrées dans son église du Vatican. Bonne preuve que le Seigneur est avec vous ; *Dominus vobiscum.*

***

Tu vois, père Jupiter, que nous venons de dépasser quatre-vingt régicides accomplis par des rois, des évêques et des patriciens ; et je pourrais t'en donner bien d'autres pris dans l'histoire des païens, des israélites, des chrétiens et des musulmans. Mais je m'arrête, en te défiant de nous montrer un pareil catalogue de crimes à la charge des partis plébéiens. Tu ne trouveras rien de semblable dans l'histoire du peuple, ni dans la bourgeoisie qui est une fraction du peuple.

JUPITER

Fatigué et ulcéré de ces funèbres souvenirs de ma race Olympique, je renvois ma réponse à notre prochaine conférence, pour demain, après une nuit de calme réflexion.

VINGTIÈME CONFÉRENCE

—

Les Grands Carnassiers

—

JUPITER

Je conviens, chère Minerve, que ton catalogue de révolutionnaires princiers ou de régicides patriciens, est historique; mais pourquoi publier tant de souillures sur le compte des grands de la terre ? — Ne sais-tu pas que nous avons à la cour des chroniqueurs et des poètes pour travestir la vérité, falsifier l'histoire et déguiser les péchés de l'aristocratie, comme nous avons des cuisiniers pour déguiser l'ail et l'ognon dont les parfums entrent dans nos ragoûts d'ambroisie.

Il faut bien qu'on le sache ; les crimes des patriciens ne sont pas des crimes ; toutes leurs œuvres sont des actes de haute justice, qui font partie du droit divin pour le salut de la haute société. Les régicides commis par les rois et les patriciens, sont des querelles de ménage qui ne ressortissent que de la cour des pairs, et ne regardent pas les peuples qui doivent s'humilier devant les races supérieures, et adorer leurs décrets comme des bienfaits de bon plaisir.

MINERVE

C'est cela ; les crimes, les révolutions et les débordements qui profitent à l'aristocratie, deviennent licites, et ne sont que des arrêts de la Providence exécutés par des hommes puissants et prédestinés, que Dieu lui-même éclaire et conduit par la main, pour le salut de la société.

APOLLON

Père Jupiter, tes paroles sont un reste des mœurs du paganisme et du moyen-âge, qui n'ont plus cours devant la lumière qui a percé les ténèbres et traversé les esprits. Calme ta noble colère et ta noble puissance, contre les Titans qui sont nos bons cousins et nos aînés sur la terre. Nous leurs devons des égards parce qu'ils ont souffert avec une longue résignation, des œuvres de l'aristocratie.

JUPITER

Comment ne serai-je point irrité contre cette multitude, qui dans ses conciliabules démocratiques ose s'égaler à tous les grands du monde ? N'ai-je pas entendu de mes propres oreilles, préconiser la grande révolution de 1789, qui a si fortement ébranlé en France le privilége de ma race patricienne ! Maudite révolution qui a renversé un trône de 14 siècles, quatorze siècles d'opulence aristocratique, quatorze siècles de droits acquis, quatorze siècles de puissance souveraine sur les Titans.

Dans son délire triomphant, ce peuple révolutionnaire s'est moqué de tous les dieux de l'Olympe, et de tous les saints du paradis. Il a fermé nos temples, chassé nos ministres et nos sacristains du sanctuaire rempli de richesses et de délices. Bien plus, toutes nos belles statues d'or et d'argent, que les peuples adoraient en se prosternant, ont été fondues en lingots pour en faire des pièces de vingt livres et des pièces de vingt sous, au système décimal, comme disent les savants de leurs pays.

Et après tant de sacriléges, les impies assis sur le siége de mes sénateurs, se sont dit dans leur orgueil : nous sommes les maîtres, nous sommes tous nobles, tous citoyens, et nous ne craignons plus les foudres de Jupiter, ni les foudres de ses pontifes.

MINERVE

Je crois même, que les révolutionnaire, de ce temps, ont eu l'audace de faire fondre les cloches sacrées, pour en faire des canons contre les ennemis de la patrie. Quelle impiété ! quelle profanation !

JUPITER

Justement les canons qui ont repoussé tous les patriciens de l'Europe venus au secours de leurs confrères de France, pour les aider à faire rentrer les Titans sous le joug du droit divin.

Ces révolutionnaires ne respectent rien du tout. Bien loin de fléchir devant l'Europe indignée, devant la tempête qui grondait sur les frontières, devant une partie de la France soulevée en armes contre la révolution, ces mécréants s'enhardirent encore dans leur audace, et commencèrent à poursuivre mes fidèles partisans insurgés, pour se défendre contre les défections de l'intérieur. Dans Paris et les provinces, les révolutionnaires ont envoyé à la mort dix mille patriciens, serviteurs ou amis des patriciens.

Jamais la terre ne fut abreuvée de tant de sang ; jamais plus effroyable tourmente ne vint épouvanter le genre humain.

MINERVE

Tu sais bien, grand Jupiter, que je déplore dans un esprit de fraternelle sympathie et d'humanité, toutes les calamités, toutes les souffrances, toutes les discordes sanglantes qui ont affligé la terre, depuis le sang d'Abel le juste, jusqu'au sang de la plus obscure victime de cette dernière génération.

Mais cependant, malgré nos sentiments de commisération pour les vaincus de toute condition tombés dans les hécatombes des discordes civiles, il faut savoir encore faire la justice distributive qui revient à tous les partis. L'histoire sévère et juste nous fait voir que les grandes tourmentes des nations, leur sont venues des grands patriciens sans aucune apparence de justification ; tandis que les catastrophes qui sont sorties de la colère populaire, infiniment moindres, s'expliquent par l'exemple funeste donné au peuple par ses conducteurs, s'expliquent d'elles-mêmes par la culpabilité des victimes immolées.

Ecoute un instant ces lamentables souvenirs,

que tu devrais ne jamais oublier, pour te faire un jugement impartial sur les œuvres de toutes les factions qui ont gouverné les peuples.

*
* *

D'abord, tu sais que les premiers chrétiens ont été persécutés, torturés, suppliciés, pendant trois siècles avec une incomparable fureur. Dis-moi donc, qui sont les bourreaux de ces martyrs qui obéissaient aux lois et qui ne prêchaient que l'amour de la justice et de la liberté! — Les bourreaux sont les empereurs païens, les patriciens et les proconsuls, tous les grands et tous les magistrats du monde romain.

*
* *

Dans le VIe siècle, l'impératrice Théodora, de Constantinople, qui était chrétienne, a fait périr dans les supplices plus de cent mille chrétiens, de l'ordre des Manichéens, secte qui avait tiré des anciens Perses, le double principe *du Bien et du Mal*, Dieu et Démon, coexistant de toute éternité. Ces manichéens menaient une vie pauvre et austère, disant que c'était l'unique voie de salut.

On pourrait peut-être trouver dans leurs idées, des puérilités métaphysiques , mais il n'y a ni crime ni délit qui mérite la mort ni la moindre persécution.

***

A Béziers, rien qu'à Béziers seulement , dans une seule journée , le 24 juillet 1209, les croisés catholiques ont massacré soixante mille âmes , toute la population infortunée de Béziers, paisible , laborieuse et sans défense, parce qu'ils avaient embrassé la religion des Albigeois. Hommes , adolescents , femmes , vieillards, enfants au berceau, de tout rang et de tout sexe , furent égorgés avec grande joie des croisés, commandés par le comte Simon de Montfort et le duc de Nevers, suivis d'une foule de gentilshommes de toutes les nations , sous la direction supérieure des évêques et des envoyés du pape Innocent III, qui avait recommandé une guerre de pillage , de confiscation et d'extermination, au nom de Jésus-Christ.

Cette croisade d'égorgement, de potence et de bûcher , a duré vingt ans dans le Languedoc , avec le concours de l'inquisition qui fut créée à cette époque même, et qui dans ses premières armes, se montra digne d'une création de l'enfer.

***

Sous François 1er six mille âmes des deux sexes furent égorgées à Cabrières et à Mérindol dans le Vaucluse, sous les ordres du féroce baron d'Oppède, juge au parlement de Provence, avec tous les outrages d'une licence sans frein donnée aux bourreaux. (1545).

***

Vient ensuite, le grand massacre de la Saint-Barthélemy, ordonné par le roi Charles IX et sa mère Catherine de Médicis, après une conspiration de deux ans avec les papes Pie V et Grégoire XIII.

Toutes les paroisses de Paris sonnèrent l'heure du massacre, par l'ordre de ses bons curés, pasteurs du troupeau, au nom du doux Jésus, profané si souvent par les enfants de Judas.

Toutes les provinces de la France furent livrées aux mêmes fureurs sanguinaires du fanatisme, par les gouverneurs du roi agissant de concert avec les évêques.

Des centaines de mille âmes perdirent la vie dans ces massacres furieux qui durèrent plusieurs jours ; autant de français émigrèrent pour aller chercher une patrie moins cruelle (1572.)

*
* *

Même massacre des protestants sous Louis XIV, précédé d'escouades de dragons pour missionnaires apostoliques, guidés dans les provinces par les évêques et les jésuites qui avaient poussé le roi dans cette nouvelle Saint-Barthélemy. Un million de français perdirent la vie dans cette guerre de religion qui dura des années, ou s'expatrièrent chez les peuples voisins qui leur offrirent une fraternelle hospitalité (1685.)

*
* *

Nous ne signalons ainsi, que les grandes catastrophes ; mais les persécutions et les supplices en détail, ont été perpétuels dans toutes les nations chrétiennes, depuis que Constantin Ier, au IVe siècle, eut admis les évêques en participation de la puissance officielle.

APOLLON

Dis-nous donc, grand Jupiter, où sont les grands

coupables, les grands meurtriers, les grands carnassiers, si ce n'est parmi les grands patriciens ?

HERCULE

Tu sauras maintenant, grand Jupiter, d'où vient le premier germe du mal ; d'où vient le démon du régicide et du massacre dans l'humanité. On te défie de signaler un crime sur la terre, dont l'exemple ne soit venu de l'aristocratie dans tous les siècles. Dans ses plus grands excès, le peuple n'a jamais approché des œuvres effroyables de ses précepteurs.

On peut même invoquer en faveur du peuple, l'impulsion d'une colère patriotique, et le droit de légitime défense contre les provocateurs ; tandis que les patriciens et les prêtres ont accompli toutes leurs scélératesses par calcul et après une longue préméditation.

JUPITER

Je conviens que les premiers fleuves de sang ont pris naissance dans la gorge de mes prêtres et de mes grands patriciens ; je conviens que nos œuvres de carnage sont plus énormes et plus grandioses que les œuvres sanglantes de la révolution; mais la qualité est la même dans l'ordre moral.

MINERVE

Encore une fantaisie de tes préventions paternelles à l'endroit de tes enfants chéris. Non, la qualité n'est point la même, ni dans ses entraînements, ni dans ses fins, ni dans ses rigueurs.

Les populations chrétiennes exterminées par les empereurs païens, par les papes, par les évêques et par les rois gallicans, étaient de bonnes âmes sans malice, qui n'avaient d'autres crimes que de vouloir prier Dieu à leur manière, en croyant suivre les préceptes de Jésus, et l'exemple des apôtres. Saint Bernard qui avait parcouru le Languedoc en prédicateur, pour les convertir, dit que les Albigeois sont mortifiés par le jeûne, qu'ils ne font du mal à personne, et qu'ils ne mangent point leur pain comme des paresseux; mais qu'ils travaillent pour gagner leur vie.

Il en était de même des autres victimes du XVIe et du XVIIe siècles.

Les persécutions officielles n'avaient donc d'autre but que de soumettre les peuples à l'Eglise, pour leur faire payer cher les prières, les dîmes, et les places au paradis ; fins criminelles par des moyens criminels.

En étouffant la liberté de conscience, les rois et les prêtres avaient aussi pour but d'étouffer le germe de toutes les libertés. On étouffait le libre arbitre qui engendre naturellement la liberté politique et philosophique, le libre arbitre qui est la source de tous les progrès dans le monde.

Mais si les hérétiques et les libéraux, victimes du despotisme royal et clérical, étaient innocents de toute iniquité ; il n'en est pas de même des victimes de la révolution française. Les dix mille patriciens qui ont péri sous le gouvernement révolutionnaire, étaient de grands coupables, frappés au nom de la loi, et par le glaive de la loi, — qui non content de faire résistance au progrès de la civilisation, trahissaient la France, appelant les armées étrangères sur notre territoire, correspondant avec les émigrés, ayant eux-mêmes commencé la guerre civile dans tous les coins du pays où régnaient encore les influences patriciennes et sacerdotales.

Le gouvernement de la révolution était en état de légitime défense contre les conspirateurs rebelles, contre la félonie des princes et des seigneurs révoltés et armés.

Tes dix mille patriciens terrassés par la révolution, étaient dix mille Bazaines vendant leur patrie à l'étranger.

JUPITER

Les rois et les prêtres, tous les patriciens, ont le droit de faire tout ce qu'ils font, au nom du droit divin ; et ils n'en doivent compte qu'à leur conscience.

Les peuples sont tenus de leur obéir sans murmurer, les peuples sont criminels de ne pas se laisser égorger ou dépouiller au profit des patriciens.

APOLLON

Il paraît, grand Jupiter, que tu veux absolument mettre en pratique le jugement rendu par l'aréopage des animaux malades de la peste, réunis pour informer d'où venait le fléau. On voulait savoir qui était parmi les bêtes, le grand coupable qui attirait sur toute leur race, le céleste courroux, afin de le sacrifier pour la guérison commune.

Sire lion, qui présidait l'assemblée, ouvrit la séance au milieu d'un morne abattement.

Voyons, dit-il, sans indulgence
L'état de notre conscience.
Pour moi, suivant mes appétits gloutons,
J'ai dévoré force moutons.

Que m'avaient-ils fait ? nulle offense,
Même il m'est arrivé quelque fois de manger
Le berger.
Je me dévouerai donc s'il le faut; mais je pense
Qu'il est bon que chacun s'accuse ainsi que moi.
Car on doit souhaiter selon toute justice,
Que le plus coupable périsse.

—

Sire, dit le renard, vous êtes trop bon roi,
Vos scrupules font voir trop de délicatesse.
Eh bien ! manger moutons, canaille, sotte espèce,
Est-ce un péché? Non, non; vous leur fîtes seigneur,
En les croquant, beaucoup d'honneur.

Ainsi dit maître renard, qui fut applaudi par tous les flatteurs de l'assemblée.

Le tigre, l'ours, le léopard, et les autres puissances, firent aussi leur confession pleine et entière ; et chacun trouva qu'ils étaient tous de petits saints, dignes de figurer à la cour du sire qui présidait l'auguste aréopage.

L'âne vint à son tour, et dit : j'ai souvenance ;
Qu'en un pré de moines passant,
La faim, l'occasion, l'herbe tendre, et, je pense
Quelque diable aussi me poussant,
Je tondis de ce pré la largeur de ma langue,
Je n'en avais nul droit, puisqu'il faut parler net.

Haro ! sur le baudet, s'écrièrent en chœur tous les patriciens avec tous les greffiers du tribunal. Voilà le grand coupable qui nous fait avoir la peste et la désolation dans nos ménages. C'est lui qui est le grand coupable.

Un loup, quelque peu cler, prouva par sa harangue,
Qu'il fallait dévouer ce maudit animal,
Ce pelé, ce galeux, d'où venait tout leur mal.
Sa pécadille fut jugée un cas pendable ;
Manger l'herbe d'autrui, quel crime abominable !
Rien que la mort n'était capable
D'expier son forfait. On le lui fit bien voir,
Suivant que vous serez puissant ou misérable,
Les jugements de cour vous rendront blanc ou noir.

JUPITER

Je ne suis pas converti. Mes intérêts, ma gloire, ma dignité, mon amour propre, mon plaisir, passent avant toutes les sciences mathématiques d'Apollon, avant toutes les sciences morales de La Fontaine et de Minerve, les patriciens ne se convertissent pas pour si peu ; nous réservons tous nos droits divins.

SATURNE

Si tu n'écoutes ni l'esprit d'Apollon ni la

sagesse de Minerve, comment écouteras-tu les avis d'un père que tu as dépouillé de son trône ; d'un père qui t'a pardonné, qui te pardonne, et qui te rend grâce de lui avoir épargné les amertumes de l'empire, pour lui laisser le loisir de contempler en philosophe, les agitations stériles de la terre.

Les conseils de Minerve et d'Apollon, sont des conseils de salut pour la patrie et pour toi, des conseils d'équité envers les peuples, qui sont les descendants de mon frère Titan, destinés à franchir ensemble avec nous les sentiers pénibles de la vie, qu'on ne peut adoucir que par le concours mutuel de toutes les facultés.

Les aspirations des peuples sont légitimes, autant que sobres et réservées. Les peuples n'aspirent qu'à vivre en sécurité dans la concorde intérieure, et en amitié avec les peuples voisins, libres aussi dans leur ménage national. Les masses ne se laissent point entraîner à des combinaisons d'alchimie politique, et leurs idées ne dépassent jamais la pratique du bon sens. La tempérance de leurs désirs, est égale à la tempérance de leur vie domestique.

Il serait donc facile de s'entendre, et de faire une paix durable avec les peuples qui ne réclament qu'un allégement à leur fardeau. Assurez cette paix par la conciliation des âmes, assurez la conciliation par la justice.

Si enfin, les paroles d'un vieux solitaire, qui n'a plus rien à désirer du monde ; ne touchent point ton âme endurcie dans les tribulations de la puissance souveraine ; apprends de moi, ce qui est écrit dans le livre du destin :

Si ce Dieu aveugle t'a permis de détrôner ton père ; s'il t'a permis de vaincre les Titans incultes et ignorants, à ton tour tu seras vaincu par les Titans devenus savants et policés comme nous.

Hercule, Apollon et Minerve, sont avec les peuples.

FIN.

TABLE

www.ingramcontent.com/pod-product-compliance
Ingram Content Group UK Ltd.
Pitfield, Milton Keynes, MK11 3LW, UK
UKHW020244180726
13839UKWH00001B/162

9 782329 492421